경박하게, 만들어진 신

경박하게, 만들어진 신

2021년 5월 31일 초판 1쇄 펴냄

지은이 이광진
편집 김수진
펴낸이 신길순

펴낸곳 도서출판 **삼인**
등록 1996년 9월 16일 제25100-2012-000046호
주소 03716 서울시 서대문구 성산로 312 북산빌딩 1층

전화 (02) 322-1845
팩스 (02) 322-1846
전자우편 saminbooks@naver.com

디자인 디자인 지폴리
인쇄 수이북스
제책 은정제책

ISBN 978-89-6436-196-2 03210

값 15,000원

경박하게,
만들어진 신

이광진 지음

삼인

차례

3부   철학, 하다

머리말

신학 대학에서 은퇴하고 난 후에 사람들이 묻는다. 은퇴하고 나니까 무엇이 제일 좋으냐고. 주저하지 않고 대답한다. 자유가 제일 좋다고. 교단 소속 신학 대학 교수로 있으면서 부자유하고 답답한 일이 많았다. 한국 교회 대부분은 근본주의 신앙과 신학의 노선을 걷고 있는데, 여기서 조금만 벗어나도 이단으로 몰릴 위험이 있기 때문이었다. 자기 검열을 강제하는 통제 메커니즘이 신학 대학에 작동하는 것이다. 이런 분위기 때문에 교수는 강의할 때나 글을쓸 때 교단의 눈치를 보게 된다. 이것이 한국 교회의 비극적 상황이다. 학자적 양심에 따라 연구하고, 그것으로 소신껏 강의하고 글을쓰는 학문의 자유가 많이 제한되고 있다. 그러나 이제는 교단 눈치를 보지 않고 소신껏 글을 쓸 수 있다. 이제야 진정한 신학자로 사는 것 같다.

이 책에는 성서에 대한 비평적 해석과 한국 개신교에 대해 비판하는 글이 많다. 한국 개신교 목회자들이 이 책을 읽는다면 불쾌감을 느낄 수도 있다. 그러나 나는 한국 개신교를 파괴하려고 이 책을 쓴 게 아니다. 누구 못지않게 나는 한국 교회를 사랑하며, 한국 기독교의 종교 개혁을 바라는 마음에서 쓴 것이다. 한국 교회는 뜨는 교회로 갈 뻔했다. 그러나 세속화를 거쳐, 서구 교회가 걸어간 소멸의 길을 향해 거꾸로 가고 있다. 한국 교회는 탈출구를 찾아야 한다. 거기에 조금이라도 도움이 되기를 바라는 간절한 마음으로 이 책을 쓴다.

또한 이 책에는 불교에 대해 비판하는 글도 몇 편 있다. 불교를 폄훼하려는 게 아니다. 나는 예수와 함께 붓다를 매우 존경한다. 붓다는 최고의 정신과 의사다. 그런데 한국 불교는 너무 기복적인 통속 신앙과 결합되어 있다. 한국 기독교가 예수의 본래 정신으로 돌아가야 하듯, 한국 불교도 붓다의 본래 정신으로 돌아가기를 간절히 소망하는 마음으로 애정을 표한 것이다.

이 책이 나오는 데 도움을 주신 분들께 고마운 마음을 전한다. 원고를 독자의 입장에서 읽고 쉬운 문장으로 바꾸도록 조언해준 아내와 안성주 선배의 조언에 감사한다. 그리고 바쁜 목회 활동 중에도 원고의 편집과 교정을 위해 수고를 마다하지 않은 나의 사랑하는 제자 김선주 목사와 이 책을 출판하도록 허락해준 도서출판 삼인에도 깊은 감사의 마음을 전한다.

2021년 4월
이광진

1
부

성서, 읽다

1. 성서는 하나님의 말씀인가

'하나님의 말씀'이란 무엇인가? 이것은 하나님의 입에서 나오는 말을 가리키는 것이 아니다. 하나님은 입도 없고 언어도 사용하지 않는 궁극적 실재다. 다시 말해서 하나님은 인간의 언어로 정의되거나 인간의 언어에 완벽하게 담길 수 있는 존재가 아니다. 따라서 '하나님의 말씀'은 은유적이고 유비적인 표현이다. 원로 종교학자인 길희성 교수가 말한 것처럼 "신앙인들은 하나님에게 우리의 언어 행위와 유사한 어떤 성품, 즉 자신의 뜻을 표현하려는 의미가 있다고 믿기 때문에 '말씀'이라는 표현을 상징적으로 사용하는 것이다." (길희성, 『종교에서 영성으로』, 북스코프, 2018)

그런데 한국의 대다수 기독교인은 성서를 하나님에게서 직접 나온 '하나님의 말(말씀)'로 믿는다. 다시 말해 성서는 창세기부터 요한계시록까지 일점일획 틀림없이 다 하나님의 말씀이라는 것이다. 그래서 예배 시간에 사회자나 설교자는 "하나님의 말씀 몇장 몇절을 봉독하겠습니다."라고 말한다. 그리고 "하나님이 오늘 나에게 성경의 이러저러한 말씀을 주셨다."고 말하는 사람도 있다.

과연 이런 생각이 합당한지 묻고 싶다. 만약 위 입장이 옳다면, 다음 사항들에 대해 명확하게 답변해야 한다.

첫째, 성서는 원본이 없는 책이다. 많은 차이점을 보여주는 수많은 사본이 있을 뿐이다. 성서는 본문비평 학자들이 이 사본들을 연구하고 편집해서 만든 책이다. 따라서 성서를 하나님에게서 직접 나온 말씀이라고 하거나 성서의 저자를 하나님이라고 하는 것은 어불성설이다.

둘째, 성서가 하나님의 직접적인 말씀이라면, 엄밀한 의미에서 신약성서의 하나님 말씀은 마가복음 1장 11-12절, 9장 7절, 요한복음 12장 28절, 그리고 요한계시록 21장 5-8절뿐이다. 신약성서에서는 이 구절들만 하나님이 직접 들려준 말씀으로 되어있기 때문이다.

셋째, 성서는 역사 기록의 측면에서 오류가 있는 책이다. 예를 들어, 마가복음 6장 17-29절에서 헤로디아Herodias의 첫 번째 남편이 빌립Philip이라는 것은 오류다. 헤로디아의 첫 번째 남편은 헤롯 안티파스Herod Antipas의 이복동생으로, 알려지지 않은 헤롯이었다. 또한 마가복음 1장 2절은 말라기 3장 1절과 출애굽기 23장 20절을 인용해놓고 이사야서를 인용한 것으로 보도한다. 하나님이 이 정도도 정확하게 말하지 못하는 존재란 말인가?

넷째, 구약성서의 시편은 고대 히브리 시인들의 시詩 모음집이다. 여기에는 왕의 대관식 때 사용하던 시, 곤궁에 처한 사람의 탄식시, 감사와 찬양시 등이 있는데, 이런 인간의 시를 하나님의 말씀이라고 하는 것은 어불성설이다. 또한 구약의 잠언은 고대 유대인의 격언 모음집이다. 고대 유대인의 격언을 하나님의 말씀이라고 하는 것도 어불성설이다. 만일 성서 자체가 하나님의 말씀이라면, 인간이 만든 여러 문학 장르가 필요 없을 것이다. 성서의 맨 처음에 '이것은 하나님이 들려주신 말씀이다.'라는 문장으로 시작해서 처음부터 끝까지 하나님께 들은 것을 기록하는 형식으로 쓰면 될 일이다. 성서의 각 저자는 자신이 하나님의 말씀을 쓴다는 생각으로 글을 쓰지 않았다. 이 문서들이 나온 후에 고대 유대교와 고대 기독교의 종교회의에서 이 문서들을 특정한 신학적 관점에 따라 경전으로 채택하고, 그 경전의 정당화와 권위를 위해서 이것들을 '하나님의 말씀'으로 부르게 만든 것이다.

다섯째, 성서도 인간의 언어적 담론이다. 따라서 성서를 언어학적인 방법으로 해석하는 것은 당연한 일이다. 성서 해석가는 언어학에서 말하는 중요한 논점들을 간과하지 말아야 한다. 오늘날 언어학에서는 현대 언어학의 창시자인 소쉬르Saussure의 영향으로 한 텍스트text의 기호체계에서 실재(Reality)에 이르는 직접적인 경로가 없다는 데 큰 공감대가 형성되어있다. 이를 성서에 적용하면, 성서라는 텍스트의 기호체계에서 궁극적 실재인 하나님에게 이르는 직접적인 경로가 없다는 말이 된다.

이럴진대, 성서를 어떻게 하나님에게서 직접 나온 '하나님의 말씀'이라고 할 수 있는가? 인간의 언어 텍스트인 성서 자체는 하나님의 직접적인 말씀이 될 수 없다. 일찍이 고대 교회의 최고 교부였던 어거스틴Augustine은 성서와 성서가 가리키는 바를 동일시하려는 노력을 모두 거부하며, 성서를 하나님에 관해 말하는 인간의 텍스트라고 주장했다. 나는 미국의 신약학자인 마커스 보그Marcus J. Borg가 한 다음 말에 동의한다.

"나는 성경을 하나님에 대한 인간의 응답이라고 생각한다. 다시 말하면 하나님이 성경의 궁극적 저자라고 보기보다는 옛날 두 개의 각기 다른 사회 구성원들(고대 유대인들과 초기 기독교인들)이 하나님을 체험하고 기록한 응답이라고 생각한다. 그러므로 성경은 하나님에 대한 그들의 이야기이고, 그들이 본 하나님의 뜻과 성품에 대한 이야기이며, 하나님에게 성실하다는 것이 무엇인지를 말하는 그들의 이야기이다." (마커스 보그, 『성경 새롭게 다시 읽기』, 김중기·이지교 역, 연세대학교 출판부, 2004)

2. '성서 영감설靈感說'은 믿을 만한가

'성서 영감설'이란 성서를 하나님의 영감에 의거해 기록한 책이라고 언명하는 기독교의 교리다. 이는 신약성서 디모데후서 3장 16절에 나오는 다음 내용에 근거를 둔다.

> "모든 성경은 하나님의 영감으로 된 것으로서 교훈과 책망과 바르게 함과 의로 교육하기에 유익합니다."

이 구절을 제대로 이해하려면 디모데후서의 저자가 '성서 영감설'을 처음 주창한 것이 아니라, 그 이전의 유대교 신학에서 빌려온 것이라는 사실을 알아야 한다.

유대교에는 두 종류의 '성서 영감설'이 있었다. 하나는 필로Philo의 것으로, 하나님의 영이 인간의 오성悟性을 차단한 채 영감받은 사람을 사로잡아 그에게 하나님의 계시를 알게 해준다는 이론이다. 다른 하나는 아리스테아스Aristeas의 서신에서 온 것으로서, 단순히 하나님의 계시를 기록하도록 선택한 증인에게 특별히 전권을 위임한다는 이론이다.

그런데 문제는 디모데후서 저자가 '성서 영감설'을 유대교에서 빌려 썼지만, 자세한 설명 없이 단지 '하나님의 영감'이라는 표현만 사용했다는 점이다. 그래서 고대 기독교에서는 '성서 영감설'과 관련해 알렉산드리아Alexandria 학파와 안디옥Antioch 학파 간에 논쟁이 일어날 수밖에 없었다. 전자는 필로의 이론을 그대로 이어받아 성서가 오성이 차단된 무아경에서 나온 글이며, 신비와 알레고리allegory로 해석해야 한다고 주장했다. 그에 반해서 안디옥 학파는 성서의 영감이 저자의 의식과 오성이 신적으로 촉진된 것으로 이해하며, 이를 해석하려면 저자의 어법, 목적, 방법 등에 주의를 기울이는 것이 중요하다고 생각했다. 즉, 언어학적, 역사적 해석을 주창한 것이다.

그동안 한국 교회의 대다수 목회자는 알렉산드리아 학파의 영감설을 따라, 소위 '영적인 해석'이라는 미명 아래 신비적이고 알레고리적인 해석을 선호하며 설교해왔다. 그러나 극단적인 보수에 속하는 사람을 제외한 대부분의 성서학자는 안디옥 학파의 입장과 의견이 같다.

알렉산드리아 학파의 영감설은 전혀 증명할 수 없는 도그마dogma일 뿐이다. 성서가 무아경의 상태에서 하나님의 영이 불러주는 대로 받아쓴 책이라면 성서의 수많은 모순과 오류들, 오늘날 우리가 받아들일 수 없는 발언들(예를 들어, 두 가지 천으로 만든 옷을 입지 말라는 금기와 여성 차별 발언 등)을 어떻게 설명할 것인가? 안디옥 학파의 관점으로 이해해야 이런 문제가 해결되지 않겠는가?

성서가 아무리 하나님의 영감으로 기록된 책이라 해도, 그 또한 다른 책들과 마찬가지로 인간의 특정한 언어로 기록된 텍스트이고, 여러 문학 장르를 지닌 역사적 문헌이다. 그렇다면 성서를 언어학적, 문학적, 역사적으로 해석하는 것이 당연하지 않은가? 한국 교회의 근본주의자들이 주장하는 '축자영감설逐字靈感說'과 '성서 무오류설無誤謬說'은 편견이 너무 심한 교리적 이론일 뿐이다. 어느 학자가 말했듯이 "성서를 역사와 문학으로부터 분리하면, 그것은 성서가 아닌 교조일 뿐이다."

3. 휴거설은 믿을 만한 교리인가

'휴거설携擧說' 하면 이장림이 떠오른다. 그는 예수의 재림 날짜를 1992년 10월말로 확정하고, 이때 자기가 창설한 다미선교회원들이 휴거할 것이라고 예언했다. 물론 이 예언은 해프닝으로 끝났다. 요즘 코로나19 사태로 종말론에 관한 설교가 늘면서 다시 '휴거설'이 떠오르는 중이다. 날짜를 예언하지 않는 것만 이장림과 다를 뿐 휴거설을 믿는 것은 그와 다를 바 없다. 종말론에 관련해서는 소위 '정통正統'과 '이단異端'에 별 차이가 없다.

'휴거설'은 예수가 재림할 때 기독교 신자들이 구름 속으로 이끌려 올라가 공중에서 예수를 영접할 것이라고 말하는 데살로니가전서 4장 16-17절에 근거를 둔다. 우리말 '휴거'는 영어 'rapture'를 번역한 말인데, 데살로니가전서 4장 17절에 나오는 '이끌려 올라가다'라는 동사에서 나온 말이다. 이렇게 성서에 근거가 있으니 기독교인이라면 당연히 믿어야 할 교리로 '휴거설'이 받아들여진 것이다. 그러나 나는 다음과 같은 이유로 이러한 입장에 동의할 수 없다.

첫째, '휴거설'은 데살로니가전서 4장 16-17절에 대한 그릇된 이해에서 비롯된 것이다. 이 텍스트를 문자 그대로 이해하는 것은 이 텍스트에 쓰인 언어의 특색에 대한 무지에서 비롯된다. 여기에 나오는 '호령', '천사장의 소리', '하나님의 나팔 소리'는 소위 묵시문학적 문헌에서 자주 사용되는 이미지들이다. 바울은 여기서 예수의 재림 장면을 묘사할 때 기자처럼 정보 전달을 위한 지시어를 사용한 것이 아니라, 인간의 상상력에서 나온 묵시문학적인 '그림말'을 사용한 것이다. 따라서 데살로니가전서 4장 16-17절을 문자 그대로 이해하는 것은 오독誤讀이다.

둘째, 바울은 고린도전서 15장 51-52절에서도 마지막 나팔이 울릴 때 일어날 현상에 대해 언급하는데, 이 단락의 묘사는 데살로니가전서의 것과 다르다. 여기서 바울은 휴거를 언급하지 않는다. 그 대신에 마지막 나팔 소리가 나면 죽은 사람이 썩지 않는 몸으로 되살아나고, 살아있는 사람들도 변화할 것이라고 한다.

셋째, 신약성서의 공관복음서와 요한계시록에도 예수의 재림 장면에 대한 묘사가 나오는데, 이 문서들의 묘사는 바울서신의 것과 다르다. 여기에는 휴거에 대한 언급이 없다. 그리고 공관복음서(마 24:30-31; 막 13:26-27; 눅 21:27)에서는 예수가 구름을 타고 올 것이라고 묘사한다. 이때 마태와 마가 텍스트에서는 인자人子가 천사들을 보내겠고 이들이 선택받은 사람들을 모을 것이라고 한다. 또한 종말론의 보고寶庫라는 요한계시록은 예수의 재림 장면에 관해 통일된 모습을 보여주지 않는다. 1장 7절에서는 예수가 구름을 타고 올 것이라고 하는가 하면, 19장 11절에서는 흰말을 타고 올 것이라고 한다. 어느 것이 맞는 얘기인가? 이 둘을 합쳐 예수는 구름 위에서 흰말을 타고 올 것이라고 할 것인가? 예수를 손오공 같은 인물로 만들고 싶은가?

넷째, 신약성서의 종말론적 언급은 통일된 교리로 진술되지 않고, 다양하고 복잡하게 전개되고 있다. 다시 말해 여기에는 각 저자의 종말론적 사변이 들어있으며, 이것들은 다른 저자들의 것들과 통일되지 않을 뿐만 아니라, 그 자체로도 완벽한 체계를 갖추고 있지 않았다.(예컨대, '죽은 자의 처소'에 대한 신약성서의 다양성과 비체계성에 관해 7장 「죽은 자는 어디로 가는가」를 참조할 것) 이 세상 마지막 때에 일어날 일을 완벽하게 아는 사람은 없다. 예수와 바울도 마찬가지다. 그들은 자신들이 죽기 전에 이 세상이 끝날 것이라 오판했던 사람들이다.(마 10:23; 막 9:1; 눅 9:27; 롬 13:11; 고전 7:29-31 참조)

휴거설은 기독교 신자들이 반드시 믿어야 하는 교리가 아니다. 이것은 성서를 오독해 문자 그대로 이해해서 비롯된 것이다. 특히, 신약성서의 종말론적 언급은 묵시문학적이고 은유적인 묘사로 가득 차있다. 그리고 신약성서는 종말론에 관해 통일된 모습을 보여주지 않는다. 그러므로 신약의 종말론은 완벽한 체계를 갖춘 교리가 아니다. 종말론은 희망의 이론이다. 요한계시록의 '임박한 종말 기대'에 관해서는 이 책의 71쪽에서부터 76쪽에 걸쳐 좀 더 자세히 서술되어 있다.

4. 종말은 어떻게 오는가

전통적인 교의학敎義學에서 '종말론終末論'은 최후의 것들에 관한 교리를 말한다. 세계의 종말, 최후의 심판, 죽은 자의 부활, 사후의 삶 등 이 세계의 마지막에 속하는 것들에 관한 교리다.

그러나 오늘날 신약학에서는 종말론에 대한 이러한 정의에 동의하지 않는다. 앞서 말했듯이 신약성서의 각 저자는 종말론적 진술에서 다른 저자들과 통일된 모습을 보여주지 않을 뿐 아니라, 그 진술이 완벽한 체계를 갖추지도 못했기 때문이다. 이러한 다양성과 비체계성, 통일성을 고려하면 신약성서 종말론의 핵심을 다음과 같이 요약할 수 있다.

종말론의 정의

'종말론'이란 시간과 역사와 흐름 속에서 하나님의 행동을 통한 새로운 변화를 기대하고 희망하는 모든 신학적 사상을 말한다. 여기서 핵심은 궁극적 구원, 즉 구원의 완성이다.

신약성서 종말론의 신학적 근거

1) 신론적 근거: 종말론은 하나님의 의가 궁극적으로 승리하리

라는 신뢰에 근거한다.

2) 기독론적 근거: 종말론은 새로운 구원 사건의 경험에 근거한다. 예수 그리스도의 부활로 표현되는, 죽음에 대한 하나님의 승리가 생명의 미래에 대한 희망의 근거다.

3) 성령론적 근거: 고린도후서 5장 5절에 의하면, 종말론적 희망에 우리를 대비하게 하신 분은 하나님이시니, 그분은 우리에게 그 보증으로 성령을 주셨다고 한다. 그리고 로마서 8장 16-17절에서 사도 바울은 이렇게 진술한다. "바로 그때에 성령이 우리의 영과 함께, 우리가 하나님의 자녀임을 증언하십니다. 자녀이면 상속자이기도 합니다. 우리가 그리스도와 함께 영광을 받으려고 그와 함께 고난을 받으면, 우리는 하나님이 정하신 상속자요, 그리스도와 더불어 공동 상속자입니다."

종말론의 두 유형

개인적 종말론과 우주적 종말론 또는 묵시문학적-시간적 종말론과 초월적-공간적 종말론으로 구분할 수 있다. 개인적 종말론은 개인의 사후의 삶에 관한 종말론을 말하고, 우주적 종말론은 우주적 변화(우주적 파국과 새 하늘과 새 땅을 묘사함)에 관한 종말론을 말한다. 그리고 초월적-공간적 종말론은 개인적 종말론에 해당하는 것이고, 묵시문학적-시간적 종말론은 우주적 종말론에 해당하는 것이다.

개인적 종말론(초월적-공간적 종말론)과 우주적 종말론(묵시문학적-시간적 종말론)이 결합되어 나오는 예로 요한계시록 21장 1절부터 22장 1-5절을 들 수 있다. 요한은 이 두 장에서 구원의 완성을 이룬 예수 그리스도의 종말론적 공동체를 묘사하려고 '새 하늘과 새 땅'과 '새 예루살렘'이라는 표상을 사용한다. 그리고 '새 예루살렘'을 표상하려고 '하늘의 도시'와 '낙원'이라는 표상을 사용한다. 후자의 세 표상은 초월적-공간적 종말론(개인적 종말론)에 해당하는데, '새 하늘과 새 땅'이라는 표상은 이와 달리 우주적 종말론(묵시문학적-시간적 종말론)에 해당한다. 왜냐하면 여기서 '새 하늘과 새 땅'은 하늘에서 내려오는 새 예루살렘으로 불리는데, 이러한 묘사는 유대적-묵시문학적 영역에서 유래하기 때문이다. 그리고 '새 하늘과 새 땅'은 우주의 궁극적 변화가 일어나는 새 창조를 의미하기 때문에 우주적 종말론에 해당하는 것이다.

따라서 요한계시록은 흔히 생각하듯이 하늘 저편에 있는 천당에 대해 말하는 것이 아니라, 하늘에서 내려오는 새로운 낙원으로 묘사되는 새 창조에 대해 말하는 것임을 알 수 있다. 그러므로 그리스도인은 궁극적으로 구원받으려 단지 하늘 저편에 있는 천당에 가려 생각할 것이 아니라, 하나님의 새 창조에 참여할 수 있도록 거룩한 생활에 힘써야 하는 것이다.

종말론의 언어

신약성서의 저자들은 종말론적 진술을 할 때, 주로 그림언어를 사용한다. 그림언어는 비추론적이다. 논리적 체계를 전제하지 않는다. 여기서는 미래의 환상적 장면에 은유적인 언어가 많이 사용된다. 따라서 종말론적 언어는 섣불리 문자적으로 이해해서는 안된다. 이 언어는 상징적 언어이고 예배와 기도의 언어이지, 객관적인 정보를 제공하는 지시어가 아니다. 이러한 언어의 특징과 기능을 제대로 이해할 때 신약성서의 종말론을 바로 이해할 수 있다.

'마지막 때'보다는 '현재' 중시

신약성서는 어디에서도 마지막 때의 시점을 예언하지 않는다. 마지막 때의 시점을 아는 것보다 현재 깨어있는 것을 더 중요시한다.

종말론의 도식圖式

신약성서는 유대교의 종말론 도식(현세-끝점-내세)을 수정해서 다음과 같은 종말론 도식을 보여준다. 창조-옛 시대(죄, 죽음, 사탄의 통치)-중간점(예수의 십자가와 부활)-새 시대-끝점(그리스도의 재림)-새 창조(새 하늘과 새 땅).

여기서 그리스도인은 그리스도의 십자가와 부활을 통해 이미 옛 시대에서 새 시대로 옮겨진 사람으로 나타난다. 그러나 그리스도인도 아직 궁극적인 새 창조에 도달하지 못했으며, 항상 도상에서 변화 중인 사람이다. 다시 말해서 그리스도인은 이미 구원을 받았으나, 아직 완전히 구원받지 못한 사람이다. 따라서 그리스도인은 종말론적 긴장 속에 살아가야 한다. 신약학자들은 이 종말론적 긴장을 '이미-아직 아니'의 종말론적 긴장이라 칭한다. 그러니 구원의 확신을 운운하면서 그리스도인은 천국에 가게 되어있다고 주장하는 사람은 값싼 신앙인이요, 신앙의 교만에 빠진 사람이라는 것을 알 수 있다. 사도 바울은 이러한 종말론적 긴장 가운데 살았기 때문에 고린도전서 9장 27절에서 "내가 내 몸을 쳐서 복종시키는 것은 내가 남에게 선교하고 나 자신은 버림을 받을까 두려워하기 때문입니다."라고 말한 것이다.

종말론의 최종 목표

신약성서의 종말론적 진술의 최종 목표는 궁극적 구원, 즉 구원의 완성에 있다. 신약성서는 구원의 완성을 여러 이미지로 표현한다.

1) 예수는 구원의 완성을 '하나님의 통치' 및 '하나님의 나라(하늘나라)에 들어감'으로 표현한다. 그런데 예수는 구원의 완성에 이르기가 쉽지 않다는 것을 이렇게 표현한다. "청함을 받은 사람은 많으나 택함을 받은 사람은 적다."(마 22:14)

2) 바울은 구원의 완성을 다음과 같이 여러 이미지로 표현한다.

① '영원한 생명'(롬 8:22; 딤전 1:16; 딛 3:7)

② '영광의 자유'(롬 8:4)

③ '몸의 속량'(롬 8:23)

④ '의롭게 하신 이들을 영광스럽게 함'(롬 8:30)

⑤ '죽은 자들의 부활'(고전 15장; 빌 3:11)

⑥ '하나님이 만유의 주로서 만유 안에 계심'(고전 15:28)

⑦ '영원하고 크나큰 영광'(고후 4:17)

⑧ '장차 오는 세상의 생명'(딤전 4:8)

⑨ '의의 면류관'(딤후 4:8)

⑩ '참된 생명'(딤전 6:19)

⑪ '영원한 영광'(딤후 2:10)

이 중 제일 중요한 구절은 고린도전서 15장 28절이다. 여기서 바울은 하나님의 구원사에서 최종 목표를 진술한다. 하나님만이 만유의 주가 되실 때, 그때가 궁극적 구원에 이르는 때라는 것이다.

   3) 에베소서는 구원의 완성을 교회가 예수 그리스도의 분량, 즉 그의 완전과 충만에 이르기까지 자라야 하는 것으로 표현한다.

   4) 히브리서는 구원의 완성을 '하나님의 거룩하심에 참여하게 함'(12:10), '정의의 평화로운 열매를 맺게 함'(12:13), '하늘의 고향'(11:16)으로 표현한다.

   5) 야고보서는 구원의 완성을 '생명의 면류관'(1:12)으로 표현

한다.

6) 베드로전서는 구원의 완성을 '영광의 면류관'(5:4)으로 표현한다.

7) 베드로후서는 구원의 완성을 '예수 그리스도의 영원한 나라에 들어감'(1:11), '새 하늘과 새 땅' 및 '의의 본향'(3:13)으로 표현한다.

8) 유다서는 구원의 완성을 '영원한 생명'(1:21)으로 표현한다.

9) 요한계시록은 구원의 완성을 '새 하늘과 새 땅' 및 '새 예루살렘'(21-22장)과 2-3장에 나오는 소위 이기는 자에게 주는 약속의 말씀(2:7; 2:10-11; 2:17; 2:26-28; 3:5; 3:12; 3:29-21)에서 사용하는 여러 이미지로 표현한다.

5. 성서에 '영혼 구원'은 없다

한국 교회에서 '전도'와 '선교'를 논할 때, 자주 듣는 용어 중 하나가 '영혼 구원'이라는 말이다. 예수를 믿어야 하는 가장 중요한 이유는 바로 이 '영혼 구원'에 있다는 것이다. 기독교의 복음을 받아들인 사람은 자신의 '영혼 구원'을 확신해야 한다. 이때 사람들은 '영혼 구원'이라는 말을 죽음 이후 인간의 영혼이 육체에서 빠져나가 하늘나라에 들어가는 것이라고 생각한다.

그러나 이러한 '영혼 구원'이 신약성서에서는 분명히 입증되지 않는다. 바로 위에서 언급한 '영혼 구원'에 대한 이해는 헬라Hellas의 '영혼' 개념에 뿌리를 둔다. 한국 교회의 많은 목회자나 전도자들이 너무 성급하게 이 헬라적 '영혼'이라는 이해에 의존해 '영혼 구원'이라는 말을 사용한다.

그러나 간과하지 말아야 할 것은, '영혼'에 대한 히브리Hebrew적 이해는 헬라적 이해와 다르다는 점이며, 이 히브리적 이해가 신약성서 저자들에게 끼친 영향을 무시할 수 없다는 점이다. 히브리인들은 그리스인들처럼 인간이 육과 영혼(또는 육과 혼과 영)으로 이루어져 있다고 보지 않았다. 히브리인들은 사람을 육과 영혼으로 분리해 생각하지 않고 그 전체로 파악했다. 구약성서에는 사람의 기능을 표현하는, '육(바사르basar)', '혼(네페쉬nepesh)', '마음(레브lev)', '영(루아흐ruah)'과 같은 말이 있지만, 이는 사람을 그 전체로 파악하면서 어느 한 면을 강조한 데 불과한 것이다. 구약에서 인간은 본래 하나님에게 속하는, 생명력으로 움직이는 진흙 같은 육체로 묘사된다. '혼魂'과 '영靈'은 분리되는 인간의 구성요소가 아니라 생명력을 표현하는 다른 양식이다. 그리고 '육肉'이란 선한 영과 대립되는 악한 것이 아니라, 질그릇처럼 약한 피조물이라는 면에서 본 전인全人을 뜻하는 것이다. 영이란 육의 감옥에 갇혀있는 존재가 아니라 하나님을 상대하는 전인을 말한다. 따라서 히브리인들은 죽음을 결코 영혼과 육체의 분리로 이해하지 않았다. 이러한 히브리적 인간관은 신약성서에서 '영혼의 구원'에 대해 언급하는 구절들에서도 반영된다. 신약에서 '영혼(프시케psyche)의 구원'에 대해 언급하는 곳은 모두 세 군데다.

첫째, 베드로전서 1장 9절: "그것은 여러분이 믿음의 목표인 영혼의 구원을 받고 있기 때문입니다."

여기서 눈여겨 볼 것은, 베드로전서의 저자가 구원에 대한 찬양의 근거를 의식적으로 그리스도의 부활에 둔다는 점이다. 저자는 3절에서 하나님이 그의 자비로 인간들을 다시 나게 해주었고, 그리스도의 부활을 통해 산 희망을 가지게 했다고 강조한다. 그리고 그리스도의 수난과 그 뒤에 올 영광이 예언자들의 예언을 이루었고

(11절), 믿음과 구원의 선포를 성취할 때를 열어준다고 한다. 이와 같이 1장 9절에서 '영혼의 구원'은 그리스도의 부활에 근거해 신자들에게 주는 종말론적 약속과 밀접한 관련이 있다.

그러면 여기에 나오는 '영혼'은 어떤 의미로 사용되는가? 바로 위에서 언급한 종말론적 맥락에서 볼 때, 1장 9절은 헬라적 전통보다는 히브리적 전통에 더 가깝다는 것을 알 수 있다. 이 경우 '영혼'은 인간의 몸과 대조되는 부분을 의미한다기보다 '생명' 또는 '전인'의 의미를 지녔다고 보아야 한다. 따라서 여기서의 '영혼의 구원'은 단지 인간의 일부분인 영혼이 구원받는다는 의미로 사용되는 것이 아니라, 전인 구원의 의미를 지닌다.

둘째, 야고보서 1장 21절: "그러므로 더러움과 넘치는 악을 버리고 여러분 속에 심어진 말씀을 온유한 마음으로 받아들이십시오. 그 말씀은 여러분의 영혼을 구원할 능력이 있습니다."

이 구절의 문맥(인접 문맥: 1장 18절과 19-21절, 거시적 문맥: 2장 12-13절; 4장 12절; 5장 9절)을 살펴보면, 여기서의 '영혼의 구원'은 창조 신학과 최후의 심판을 염두에 두는 종말론적 맥락에서 언급된다는 것을 알 수 있다. 그러므로 여기서 보여주는 저자의 종말론과 구원론은 헬라 전통보다는 히브리 전통에 더 가깝다. 헬라 전통에서는 최후의 심판에 관한 관념이 전혀 중요한 역할을 하지 못하기 때문이다. 또한 이 구절에 나오는 '심어진 말씀'이 4장 12절의

'율법을 제정하시고 심판하시는 분'과 똑같이 우리를 구원할 능력이 있다고 하는 것은 전통적으로 유대적인 표현 방식이다. 따라서 야고보서 1장 21절을 영혼불멸설 및 이와 관련된 이원론적이고 개인적인 종말론과 연관지어 이해하는 것은 합당하지 않다. 여기서도 '영혼의 구원'은 앞에서 보았던 베드로전서 1장 9절과 같이 전인 구원에 대해 말하는 것으로 이해해야 한다.

셋째, 야고보서 5장 20절: "이 사실을 알아두십시오. 죄인을 그릇된 길에서 돌아서게 하는 사람은 그의 영혼을 죽음에서 구할 것이고, 또 많은 죄를 덮어줄 것입니다."

이 구절은 야고보서 맨 마지막에 위치한다. 인접 문맥인 결론 부분(5:12-20)은 분명히 종말론적인 성격을 지닌다. 이 단락은 마지막 때의 시험에서 끝까지 인내하라는 촉구와 주의 재림이 곧 일어날 것에 대한 기대를 연관지어, 주의 재림 때 심판주인 하나님은 사악한 자들과 부자들과 교만한 자들을 심판한다고 말한다. 이와 같이 야고보서의 결론도 서론과 마찬가지로 종말론적 맥락에서 구약-유대적 방식으로 말하는 것을 볼 수 있다. 따라서 5장 20절에서도 저자가 전인 구원의 의미로 '영혼의 구원'에 대해 언급하고 있음을 확인할 수 있다.

이와 같이 위 세 구절에 나오는 '프시케(영혼)'는 헬라적 의미(몸에 대비되는, 인간의 가장 고귀한 부분인 영혼)보다는 히브리적 의미(생명, 인간, 전인)로 언급되었다고 보는 것이 더 합당하다. 따라서 신약성서의 '프시케의 구원'을 우리말로 '영혼의 구원'이라 번역하는 것은 옳지 않다고 생각한다. 오히려 '생명의 구원' 또는 '전인 구원'으로 번역하는 것이 오해를 피하는 방법일 듯하다.

물론 신약성서에 몸과 영혼, 또는 겉사람과 속사람 간의 구분이 전혀 나타나지 않는 것은 아니다. 그러나 이 구분은 오직 인간 안의 영혼만이 가장 가치 있으며 하나님 가까이 갈 수 있는 부분으로 보는 헬라적 입장과는 다르다. 성서 전통에서 몸과 영혼은 하나님이 만들어준 통일체로 간주된다. 신약성서에서 하나님의 구원 의지는 인간의 일부인 영혼에 국한하지 않고 전인으로 향한다.

6. '마지막 때'는 언제인가

신약성서에는 '마지막 때(날)'라는 어구가 모두 열일곱 번 나온다. 기독교인 가운데는 이 어구를 문맥 고려 없이 오직 한 가지 의미로만 이해하는 이들이 적지 않다. 다시 말해서 이 어구를 오직 미래에 도래할 역사의 마지막 시점을 뜻하는 말로 이해하는 것이다. 그리하여 이들은 이 어구가 사용된 성서 구절과 비슷한 일들이 일어나면, 지금 우리가 사는 이 시대가 바로 성서가 예언한 '마지막 때'라고 주장한다. 그러면서 '마지막 때'가 가까이 왔으니 구원(또는 휴거)을 위해 준비해야 한다고 외친다.

이러한 행태는 이 어구의 용례를 잘 보지 못하는 무지에서 비롯된 것이다. 신약성서에서 이 어구는 세 가지 의미로 사용된다.

첫째, '마지막 때(날)'를 미래에 도래할 역사의 마지막 시점이라는 의미로 사용하는 경우가 있다. 요한복음의 여러 구절과 베드로전서 1장 5절이 이에 해당한다. 요한복음 6장 39, 40, 44, 54절과 11장 24절에서는 '마지막 날'이 부활의 때를 지칭하는 말로, 12장 48절에서는 심판의 때를 지칭하는 말로 쓰인다. 그리고 베드로전서 1장 5절에서는 '마지막 때'가 최종 구원의 때를 가리키는 말로 쓰인다.

둘째, 예수의 출현으로 '마지막 때'가 시작되었다고 말하는 경우가 있다. 히브리서 1장 2절과 베드로전서 1장 20절이 이에 해당한다. 히브리서 구절에서는 '마지막 때'에 하나님이 그의 아들을 통하여 우리에게 말씀하셨다고 하며, 베드로전서 구절에서는 그리스도가 '마지막 때'에 우리를 위하여 나타났다고 한다.

셋째, 신약의 저자들이 살았던 그 당시를 '마지막 때'라고 말한 경우가 있다. 사도행전 2장 17절, 디모데후서 3장 1절, 야고보서 5장 3절, 베드로후서 3장 3절, 요한일서 2장 18절, 유다서 1장 18절이 이에 해당한다. 사도행전 구절에서는 오순절 성령강림 사건이 구약성서 요엘서의 예언이 이루어진 '마지막 때'의 일이라고 한다. 그리고 나머지 구절에서는 당시 신약 저자들의 적대자들(이단자들)이 설쳐대는 상황과 사람들이 도덕적으로 타락하고 적그리스도가 출현하는 상황을 '마지막 때'라고 말한다.

이 가운데 특히 세 번째 용례가 주목을 끈다. 여기서 사용되는 '마지막 때'는 오늘날에도 아노미anomie 현상이 일어날 때 자주 쓰는 말인 '말세末世'와 같은 표현이기 때문이다. 우리나라에서도 예로부터 이 말을 자주 써왔는데, 정말 이 세상이 끝날 것이라는 예언의 관점에서 이렇게 말하는 것이 아니다. 너무나 기막히고 어처구니없는 현상이 발생할 때, 사람들이 실망과 불안 및 희망을 정서적으로 표현하려고 사용하는 상투어다.

위의 세 번째 용례도 이와 같다. 신약의 저자들은 자신들의 적대자들(이단자들)이 설쳐대고 사람들이 도덕적으로 타락하며 적그리스도가 출현하는 상황에 직면해서, 그들의 불안과 희망을 정서적으로 표현하려 '마지막 때'라는 말을 상투적으로 사용한 것이다.

이제 더 이상 성서의 종말론을 왜곡해서 혹세무민하는 자들의 가짜 종말론에 넘어가지 말아야 한다. 요즘 유튜브에 나오는 목회자들의 설교를 들어보면, 성서 종말론에 대한 그들의 이해 수준이 낮다는 것을 알 수 있다. 한국 교회의 목회자들이여, 제발 더욱더 공부하시라. 특히 코로나19 사태에 직면해 성서의 종말론을 더는 왜곡하지 않기를 바란다. 지금은 종말론에 대한 폭넓은 공부가 시급한 때다.

7. 죽은 자는 어디로 가는가

신약성서는 죽은 자가 거하는 곳을 가리키는 네 가지 용어를 사용한다.

하데스Hades

우리말로 '음부陰府'로 번역되는 이 단어는 신약에서 모두 열 번 쓰였다. 히브리어 구약성서를 그리스어로 번역한 70인역은 모든 죽은 자가 거하는 지하 세계라는 뜻을 지닌 히브리어 '스올Sheol'을 '하데스Hades'로 번역했지만, 신약에서 이 단어는 다양하게 사용된다.

1) 마태복음 11장 23절에서 '하데스'는 죽은 자의 영혼이 머무는 중간 상태(죽음과 부활 사이) 동안에 악한 자(불경건한 자)가 일시적으로 형벌을 받는 장소라는 뜻으로 쓰인다.

2) 마태복음 16장 18절에는 '하데스의 문들'이라는 표현이 나오는데, 이 표현은 지하 세계가 여러 문으로 닫혀있다고 생각한 옛 이스라엘인들의 통속적인 견해를 반영한다.

3) 누가복음 10장 15절과 사도행전 2장 27, 31절에서 '하데스'는 죽음 후, 곧 악한 자의 영혼이 영원히 형벌을 받는 장소라는 뜻으로 쓰인다.

4) 요한계시록 6장 8절에서 '죽음'과 '하데스'는 인격화되어 서로 하나가 된 동맹자들로서 악령의 세력을 지칭하는 말로 나타난다.

5) 요한계시록 1장 18절과 20장 13a절에서는 '하데스'가 죽은 자의 처소를 지칭하는 말로 사용되고, 20장 14a절에서는 공간적인 의미로뿐만 아니라 죽음 자체를 가리키는 말로 쓰인다.

6) 요한계시록 저자는 '하데스'를 최종 형벌의 장소인 '불못'과 엄격히 구분해서 사용한다. 여기서 '하데스'는 중간기(죽음과 부활 사이)에 순교자들을 제외한 모든 죽은 자(바다에 빠져 죽은 자들을 제외하고)의 영혼이 거하는 장소로 나타난다.

게엔나 Geenna(라틴어 : Gehenna)

이 단어는 우리말 '지옥'으로 번역되는 말이다. 신약성서에서 이 단어는 모두 열두 번 사용되는데, 주로 최후의 심판 후에 악인들(불경건한 자들)이 영원히 형벌을 받는 장소라는 의미로 쓰인다. 그러나 누가복음 저자는 '하데스'와 '게엔나'를 죽음 후 곧 악한 자들의 영혼이 형벌을 받는 장소라는 뜻으로 혼용해 사용한다.

불못

요한계시록에서는 신약의 다른 문서들에 나오는 '게엔나'가 사용되지 않는 것이 눈에 띈다. 그 대신에 계시록 저자는 최종 형벌의 장소 명칭으로 다음과 같은 표현들을 사용한다.

1) 불못(20:14~15, 세 번)

2) 불과 유황의 못(20:10)

3) 유황이 타오르는 불못(19:20)

4) 불과 유황이 타오르는 못(21:8)

5) 불과 유황(14:10, 여기서는 장소의 명칭으로 사용되지 않지만 의미는 동일함)

여기서 '불못'은 다음과 같은 이들이 던져져 영원히 형벌을 받는 곳으로 나타난다.

① 마귀(20:10)

② 짐승(19:20, 20:10): 로마제국

③ 거짓 예언자(19:20, 20:20): 로마의 황제 숭배의 사제단

④ 짐승 경배자들(14:9~10): 황제 숭배에 참여한 자들

⑤ 생명의 책에 기록되지 않은 사람들(20:15)

⑥ 비겁한 자들, 신실하지 못한 자들, 가증한 자들, 살인자들, 음란한 자들, 마술쟁이들, 우상숭배자들, 거짓말쟁이들(21:8)

그리고 요한계시록에서는 하나님의 최후의 원수인 죽음의 궁극적인 멸망과 관련해서도 '불못' 표상이 사용된다.

아비소스 Abyssos

우리말로 '무저갱無底坑' 또는 '나락의 구렁'으로 번역되는 이 단어는 신약성서에서 모두 아홉 번 나온다. 신약에서 이 용어는 주로 악령들의 감옥 명칭으로 사용되는데, 로마서 1장 7절에서만 '죽은 자의 거처'라는 의미로 사용된다. 그러나 여기서 바울은 이곳에 대한 어떤 묘사나 설명을 하지 않는다.

파라데이소스 Paradeisos

우리말로 '낙원'으로 번역되는 이 단어는 신약성서에서 모두 세 번 나오는데, 다음과 같이 세 가지 의미로 사용된다.

1) 누가복음 23장 43절에서는 이 용어가 의인(또는 구원을 받은 사람)이 죽음 후 곧 들어가게 되는 '지복의 장소'라는 의미로 사용된다.

2) 고린도후서 12장 4절에서 이 용어는 중간기에 존재하는 '낮은 낙원'의 의미로 쓰인다.

3) 요한계시록에서 '낙원'은 2장 7절에 단 한 번 나오는데, 여기서는 오직 부활과 최후의 심판 후 구원을 받는 자에게 주어지는 '마지막 때의 낙원'의 의미로 사용된다. 요한계시록에는 바로 위에서 본 '죽음 후 곧 들어가게 되는 지복의 장소인 낙원'이나 '중간기에 존재하는 낮은 낙원' 개념이 없다.

신약성서는 죽은 자의 처소와 관련해 통일된 모습을 보여주지 않는다. 다시 말해 신약성서의 내세관은 완벽한 체계를 갖추고 있지 못하다. 이것은 무엇을 뜻하는가? 신약의 내세관에는 각 저자의 종말론적 사변이 들어있으며, 이들도 완벽하게 알지 못한 채 자기 나름대로의 내세관을 피력했다는 것이다. 그럼에도 불구하고 일부 종교단체들은 죽음을 초월하는 희망을 확실성으로 포장하여 팔아먹고 있다. 이에 대해 독일의 과학 에세이스트인 마르틴 우르반 Martin Urban의 말은 매우 의미 있다.

"믿음의 핵심에 위치하는 삶과 죽음의 문제는 대답되지 않은 채 남아있을 수밖에 없다. 연구자들은 결코 결말에 도달하지 못할 것이지만, …나는 이와 같은 불확실성에 맞서 희망을 제시하려 한다. 사도 바울이 고린도에 보낸 첫 번째 편지에서 표현한 그러한 희망이다.(고린도전서 13장 12절) '우리가 지금은 거울에 비추어보듯이 희미하게 보지만 그때에 가서는 얼굴을 맞대고 볼 것입니다. 지금은 내가 불완전하게 알 뿐이지만 그때 가서는 하나님께서 나를 아시듯이 나도 완전하게 알게 될 것입니다.'" (마르틴 우르반, 『사람들은 왜 무엇이든 믿고 싶어 할까?』, 김현정 역, 도솔, 2008)

8. 여리고성은 어떻게 무너졌는가

구약성서 여호수아기 6장 1-27절에는 여리고성 함락 사건에 대한 묘사가 나오는데, 현대인에게는 매우 낯선 이야기다. 이스라엘 군대는 여리고성을 공격할 때, 한 번도 무기를 사용하지 않는다. 단지 성 주위를 돌고 함성을 지를 뿐이다. 처음에는 엿새 동안 성 주위를 날마다 한 번씩 돈다. 그리고 제사장 일곱 명이 숫양뿔나팔 일곱 개를 들고 언약궤 앞에서 걷게 하고, 일주일째 되는 날 군사들은 제사장 일곱 명이 나팔을 부는 동안 성을 일곱 번 돈다. 그리고 제사장들이 숫양뿔나팔을 한 번 길게 불 때, 그 나팔 소리를 듣고 군사들이 큰 함성을 지른다. 그랬더니 성벽이 무너졌다는 것이다.

기독교인이 아닌 사람이 이 이야기를 듣는다면 실소하지 않겠는가? 하지만 기독교 근본주의자들은 이 이야기를 문자 그대로 믿는다. 하나님의 권능이 작용하면 이런 일은 얼마든지 일어날 수 있다는 것이다.

그러나 오늘날 구약학자 대다수는 이 이야기를 사실 그대로 묘사한 것으로 보지 않는다. 단지 교훈을 주려는 설화로 본다. 또한 고고학적 연구 결과로 인해 많은 학자들이 여리고성 붕괴의 원인을 지진으로 보고 있으며, 무엇보다도 이 사건 자체가 여호수아 시대에 일어나지 않았다는 것이 정설이다.

그런데 우리나라에서 놀라운 사건이 발생했다. 구약학 박사학위 논문을 쓴 목사가 여호수아기 6장을 문자적으로 이해해서 이것을 자신의 아들 대학입시에 그대로 적용한 것이다. 그는 자신이 원하는 대학에 아들을 들여보내려 아내와 함께 엿새 동안 그 대학 주위를 날마다 한 번씩 돌았고, 일주일째 되는 날에는 일곱 번 돌면서 아들이 그 대학에 꼭 합격하게 해달라고 기도했다. 그러나 안타깝게도 그 아들은 이 대학에 들어가지 못했고, 목사와 아들은 실망이 너무 큰 나머지 하나님을 원망하고 불신하기에 이르렀다.

구약학 박사학위 논문까지 쓴 목사의 성서 이해 수준이 이 정도라니 참으로 납득하기 어렵다. 게다가 하나님이 자기의 기도를 들어주지 않았다고 평생 믿어온 하나님을 원망하고 불신하다니, 이 목사는 기독교 신앙의 기본도 모르는 사람이다. 이런 목사에게서 성경과 교리를 배우는 교인들이 불쌍할 뿐이다.

어느 유튜브 채널에서 자유주의 신학이 기독교를 망친다고 소리 높여 외치던데, 오히려 근본주의 신학이 한국 교회를 망친다는 사실을 그는 모르는 것 같다. 신학교에서 교수들이 아무리 자유주의 신학을 가르쳐도, 신학생들은 졸업 후 목회 현장에서 근본주의 신학과 교회 성장학 이론으로 목회를 하게 되는 것이 한국 교회의 현실이다. 원래 자유주의 신학이란 교회에서 더 이상 배울 것이 없다

며 교회를 떠나는 지식인들을 어떻게 하면 다시 교회로 불러들일
수 있을까 하는 고민에서 나온 신학이다. 이 신학 또한 교회를 위한
신학이다. 못 배웠거나 사유 능력이 부족한 사람에게는 근본주의
신학이 필요하겠지만, 배우고 사유할 줄 아는 사람에게는 자유주의
신학이 필요하다. 목사는 여러 신학 사조를 폭넓게 공부해야 할 뿐
만 아니라, 다른 학문과의 통섭도 중요시하면서 교인들을 가르쳐야
한다. 그래야 한국 교회가 '개독교'라는 말을 듣지 않을 것이다.

9. 묵시문학默示文學이란 무엇인가

1832년에 독일인 뤽케F. Luecke가 요한계시록을 이와 유사한 텍스트들에 비추어 본 이후, 소위 '묵시문학'으로 불리는 일군의 고대 문학이 있었다는 생각이 일반화되었다. 그러나 1970년 이후 일련의 학자들은 형용사 'Apocalyptic'을 명사로 애매하게 사용하는 것을 피하고('Apocalyptic'이 명사로 사용될 때는 '묵시문학'을 뜻함) 문학 장르로서의 '묵시(apocalypse)'와 사상체계로서의 '묵시주의(apocalypticism)'를 구분해서 논한다.

이러한 입장도 일리 있지만, 문학 장르를 말할 때 우리말 '묵시문학'이 '묵시'보다 더 나은 면이 있다. 연구사를 보면, 학자들은 이 용어의 정의와 관련해 다양한 설명을 해왔다. 이 가운데 독일의 신약학자인 클라우스 베르거K. Berger의 설명을 보자. 그는 저서 『세계의 종말은 어떻게 오는가?(Wie kommt das Ende der Welt?)』에 나오는 「묵시문학이란 무엇인가?」라는 글에서 묵시문학의 핵심을 잘 설명해준다. 다니엘서와 요한계시록처럼 묵시문학에 속하는 단행본을 비롯해 성서의 여러 곳에서 묵시문학적 텍스트들을 볼 수 있기 때문에 이 단락을 번역해서 아래에 싣는다. 참고가 되기를 바란다.

「묵시문학이란 무엇인가?」

이 문제에 대해서는 A.D.1세기 초에 나온 고전적 유대교 텍스트에 근거해서 답해보겠다.

『모세 승천기(*Assumption of Moses*)』* 10:1-7

첫째, 그 후 모든 피조물에 대한 하나님의 통치가 나타날 것이다. 그러면 마귀는 끝장이 날 것이며 그와 함께 슬픔이 사라지게 될 것이다.

둘째, 그런 다음 가장 높은 자리에 있는 천사의 손이 가득 채워질 것이고, 곧 그는 그들(이스라엘 사람들)을 위해 그들의 원수에게 복수할 것이다.

셋째, 왜냐하면 하늘의 하나님은 그의 자녀들에 대한 분개와 진노 속에서 그의 보좌에서 일어나서 그의 거룩한 처소에서 나올 것이기 때문이다.

넷째, 그런 다음 땅은 흔들릴 것인데, 마지막까지 진동하게 될

---

* 여기서 베르거가 인용하는 『모세 승천기(*Assumption of Moses*)』는 예수 동시대인 A.D.1세기 말에 저술된 유대교 묵시문학에 속하는 작품이다. 이 책의 묵시문학적 중심 사상은 다니엘서에 나오는 '네 짐승 환상'에 근거를 둔다. 이 환상은 일련의 세계 왕국들-바빌론Babylon, 메대 Media, 페르시아Persia, 헬라Hellas(시리아Syria) 제국-의 종말과 영원히 멸망하지 않을 하나님 나라의 도래를 예고한다. 특히 여기서 강조하는 것은, 시대가 점점 악해지지만 악은 오직 하나님이 정한 순간까지만 활동하며, 한번 큰 전환이 도래한다는 점이다. 여기서 큰 전환은 궁극적 통치의 교체를 의미한다. 지상 나라의 시대는 끝나고, 초월적인 하나님 통치의 새 시대가 열린다는 것이다.

것이다. 그리고 높은 산들이 낮아지고, 흔들릴 것이며, 골짜기들이 가라앉을 것이다.

다섯째, 해는 더 이상 빛을 발하지 못해서 암흑으로 변할 것이며, 달의 뿔들은 부서질 것이고 완전히 피로 변할 것이며, 별들의 궤도는 혼란에 빠지게 될 것이다.

여섯째, 바다는 심연에 이르기까지 줄어들 것이고, 샘에서는 물이 나오지 않을 것이며, 강은 말라서 굳어질 것이다.

일곱째, 왜냐하면 홀로 영원하신 최고의 신이 일어날 것이고, 이방인들에게 벌을 주기 위해 자유롭게 나타날 것이며, 그들의 모든 우상을 파괴시킬 것이기 때문이다.

이 텍스트는 신약성서에서도 자주 테마가 된 사건, 즉 하나님이 역사 안에서 그의 통치를 실제적으로 관철하는 것을 묘사한다. "나타날 것이다"란 표현은 전형적이다. 왜냐하면 나타나는 것은 더 이상 감추어지지 못할 것이기 때문이다. 물론 우리는 4-6절에서 언급된 우주적 진동을 이미 앞에서 본 그대로 정리할 수 있다. 하나님 통치의 관철로 적대자의 통치가 종말을 고한다는 것도 중요하다. 신약성서에서도 이 사건은 종종 테마가 된다. 예수가 악령들을 쫓아내면 하나님의 나라가 왔고, 마귀와 악령들의 나라는 끝장이 난다.(눅11:20) 사도행전 26장 18절에 의하면 바울의 선교는 사람들을 사탄의 통치로부터 자유롭게 해주고 그들을 하나님의 통치 하에 둔다고 한다.

그러므로 여기서 중요한 문제는, 정치적 묵시문학에서처럼 역사 안에서의 권력의 교체, 즉 결정적인 교체다. '정치적' 묵시문학이라 함은 잇따라 나타나는 다소 폭력적인 인간의 세계 왕국들(대부분 네 개)이 하나님의 나라인 다섯 번째 왕국에 의해 끝장난다고 생각한, 매우 널리 퍼져있던 전통을 말한다. 근동의 많은 민족은 그리스도 가 탄생할 즈음 동쪽에서 새로운 왕국이 도래할 것을 기대했다. 도 래할 새로운 왕국을 동쪽과 관련지은 것은 해가 동쪽에서 뜨기 때 문이다. 이 새로운 왕국은 정의正義의 왕국일 것이라고 생각했다. 그 러므로 이 외에 '정의의 태양'이란 명칭도 나타난다. 유대인들에게 분명한 것은, 하늘에서 오는 새로운 통치자가 하나님 또는 메시아 임에 틀림없다는 점이다. 이와 함께 고전적인 기독교 텍스트를 인 용한다.

> "주여, 당신의 일이 어찌 그리도 큰지요! 오, 지상의 아담의 후
> 손들을 들어 올리고 부활하도록 하기 위해 그리스도께서 내려
> 오실 때에는 얼마나 두렵겠습니까? 암흑이 피조물을 덮고, 해
> 가 광선을 덮으며, 달은 그것의 궤도의 끝에 이르고, 별들은 나
> 뭇잎처럼 하늘에서 떨어집니다. 그의 표징이 땅의 끝에서 번개

처럼 나타나고, 다른 한편 그의 음성은 천둥과 비가 말하는 것처럼 울리며, 아담의 자녀들은 식물처럼 땅에서 싹이 트고 튀어나옵니다. 십자가는 땅에 심어지며, 밀은 왕국의 창고를 위해 왕의 타작마당에 쌓입니다. 그러나 겨는 불에 타 재가 됩니다."(베커-위홀라인Becker-Ühlein, 『전례 II : 동시리아-칼데아교회 전례(*Liturgie II; Ostsyrisch-Chaldäischer Ritus*)』, 1997)

여기에도 우주적 파국이 나온다. 그러나 여기에는 하나님의 통치자직과 원수에 대한 승리 대신에 식물의 나라, 봄, 그리고 추수에서 유래하는 표상들이 나온다.

유대교 묵시문학가들은 이방 강대국이 이스라엘을 정복하고 유대인들의 신앙생활을 핍박하는 정치적, 종교적 위기 상황에서 기존 세계가 점점 혼돈에 빠지고 극적인 전환점에서 하나님이 새로운 질서를 만들어준다고 보는 역사의식을 공동체의 구성원들에게 불어넣어, 그들에게 위로와 용기를 주려 했던 것이다. 신약성서의 묵시문학적 텍스트들은 이러한 유대교의 묵시문학적 사상의 영향을 받은 것이다.

10. 도대체 요한계시록이 어떤 책이기에

요한계시록만큼 화제를 많이 불러일으키는 책도 드문 것 같다. 소위 '이단'으로 불리는 종파의 교주들 대부분이 이 책을 이용하고 있으니 말이다.

특히, 수능시험을 마친 고3 학생들과 대학 새내기들을 포교의 주된 표적으로 삼고 여러 술책으로 유혹하는 종파가 있다. '신천지'라는 사이비 종교단체다. 신천지의 교주 이만희는 『계시록의 실상』이라는 책을 통해 요한계시록을 자기 마음대로 해석하면서 사람들을 미혹한다. 이 사람은 이 책을 "2000년 전 밧모섬에서 사도 요한이 본 장래사가 오늘날 실상으로 이룬 것을 예수님과 천사들로부터 보고 들은 것을 증거한" 것이라며 터무니없는 주장을 한다. 그리고 자신을 사도 요한과 동격인 목자라며 "사도 요한이 보고 기록한 계시록은 예언이요, 이 예언이 실상으로 이룰 때에는 사도 요한 격인 목자가 계시록 전장의 사건을 먼저 보고 듣고 지시에 의해 우리에게 알리게 된다."며 사기를 친다. 자신이 하는 말이 예수와 천사들로부터 보고 들은 것이라 주장한다고 설득력 있는 말이 되는 것은 아니다. 이만희가 자신의 말에 진실성을 담고 싶다면, 단지 계시성만 주장해서는 안되고 증명까지 해보여야 한다. 그런데 이 사람의 책 어디에도 그 계시성을 증명하는 곳이 없다. 주장만 있을 뿐이다. 이성이 있으면 좀더 냉철하게 생각해보시라. 예수가 뭐가 아쉬워서 세계적인 요한계시록 전문가들을 제쳐놓고 한국의 사이비 종파 교주에게 요한계시록에 대한 특별 계시를 주겠는가? 하나님이나 예수에게서 특별한 계시를 받았다고 주장하는 사람은 이뿐만이 아니다. 그들은 정신질환자거나 사기꾼이 분명하다.

제발 성서의 계시 신앙에 대해 오해하지 않기를 바란다. 물론 기독교인들은 성서의 계시 신앙을 믿어야 한다. 그러나 하나님이 계시자임을 믿는 것과 자기가 하나님으로부터 특별한 계시를 받았다는 인간적 주장을 구분할 줄 알아야 한다. 아무리 종교라 할지라도 인간적 주장은 이성적으로 증명되어야 진실성 있는 말이 된다. 하나님은 우리에게 자유와 이성을 선물로 주셨고, 이 자유와 이성이라는 은총을 통해 책임지는 삶을 살도록 우리를 창조하셨다. 이것을 믿는 것이 건전한 기독교 신앙이다.

그러면 소위 '정통'으로 불리는 한국 교단의 기독교인들은 요한계시록을 제대로 이해하는가? 어느 열렬한 기독교 신자가 영화 〈터미네이터(The Terminator)〉를 보고 나서 다음과 같은 소감을 남겼다.

"정말 끔찍하다. 성경 말씀대로다. 요한계시록에 인류는 불의 심판을 받는다더니 과연 그대로가 아닌가!"

요한계시록에 나오는 우주 심판 묘사를 축자적으로 이해하면 그렇게 말할 수 있다. 그러나 이것은 요한계시록이 나온 역사적 상황과 이 책의 문학적 성격과 언어의 특색을 제대로 이해하지 못한 무지에 기인한다.

한국의 많은 목회자들이 설교하는 소위 '7년 대환난설'의 가장 큰 오류도 바로 이 점에 있다. 국내의 목회자들이 쓴 대부분의 요한계시록 강해서에서도 이와 같은 사실을 발견할 수 있다. 어느 강해서의 저자는 다음과 같이 말한다. "이제 공부할 요한계시록 6장부터 시작하여 19장까지의 내용은 바로 우리가 늘 말하는 7년 환란의 기간에 일어날 일입니다." 이들은 계시록 6~19장에 묘사된 심판 장면을 교회가 휴거되어 세상으로부터 벗어난 후에 일어날 미래의 7년 대환난으로 규정한다. 그러나 이 해석도 요한계시록의 역사적 배경과 문학적 성격 및 언어의 특색을 올바로 이해하지 못하는 데에서 비롯된다.

요한계시록이 마지막 때에 일어날 사건들에 관한 하나님의 역사 시간표를 적은 책이라는 이해의 가장 근본적인 문제점은 성서의 역사적 성격을 제대로 인식하지 못한 데 있다. 사려 깊은 기독교인들은 역사가의 통찰과 인간 존재의 역사성을 무시할 수 없을 것이다. 근본주의자들은 하나님을 성서의 참된 저자로 생각하지만, 이러한 생각은 성서가 형성될 때 인간이 기여한 부분을 고려하지 않았다는 약점이 있다. 성서에는 하나님의 말씀이 들어있지만, 성서는 특정한 때와 장소에 살았던 사람들의 글로 증언된 기록이다. 우리는 성서도 특정한 때와 장소에서 특정한 역사적 상황에 처해있던 사람들을 대상으로 기록한 글이라는 것을 인정해야 한다. 따라서 성서의 텍스트를 진지하게 해석하려면, 이 텍스트를 본래의 역사적 맥락에서 해석해야 한다.

또 하나의 문제점은 요한계시록의 문학적 특색에 대한 몰이해다. 요한계시록을 단지 말세의 비밀을 기록한 예언서로 보는 것은 지금까지 많은 학자들이 요한계시록의 문학적 특색에 대해 심혈을 기울여 연구해온 점을 전혀 고려하지 않는 것이다. 지금까지의 연구 결과에 따라 일반적으로 인정되는 것은 요한계시록이 서로 다른 세 가지 문학 형식의 복합체라는 점이다. 다시 말해 요한계시록은 서신 형식과 묵시문학, 그리고 예언문학의 형태를 갖추고 있다.

요한계시록의 역사적 이해

요한계시록이 어떤 책인지를 제대로 이해하려면 우선 이 책이 어떤 역사적 상황에서 나온 책인지 알아야 한다. 왜냐하면 성서도 다른 텍스트와 마찬가지로 특정한 시대에 여러 저자들에 의해 쓰인 역사적 산물이기 때문이다. 다시 말해서 구약은 고대 이스라엘 사회의 산물이고, 신약은 초기 기독교 운동의 산물이다. 따라서 요한계시록도 초기 기독교 운동의 산물 중 하나로서 원래의 역사적 맥락에서 읽어야 한다.

그러려면 이 책이 1세기말 소아시아의 교회들과 로마제국 간의 갈등에서 나온 작품이라는 것을 아는 것이 중요하다. 이에 대한 외적 증거와 내적 증거가 있다.

계시록 저자는 요한계시록의 저술 연대를 직접 언급한 적이 없다. 그래서 주석가들은 고대 교회의 증거를 찾아보았는데, 이레니우스Irenaeus의 『이단 논박(Against Heresies)』과 유세비우스Eusebius의 『교회사(Church History)』를 통해 요한계시록이 로마제국 도미티안Domitian 황제의 통치 말기에 있었던 소아시아의 교회들에 대한 로마제국의 박해 상황에서 쓰인 작품이라는 것을 알게 되었다.

내적 증거로는 계시록 13장 1절과 17장 9절, 18절을 들 수 있다. 13장 1절에서 요한은 '일곱 머리'라는 구상어具象語를 사용하는데, 그는 이 구상어를 17장 9절에서 이렇게 해석한다. "일곱 머리는 여인이 타고 앉은 일곱 산이며 또 일곱 왕을 가리킨다." 그리고 여인에 대해서는 17장 18절에서 세상의 임금들을 다스리는 왕권을 가진 큰 도시를 가리킨다고 언급하는데, 로마의 문헌들에서 로마가 '일곱 산(언덕)의 도시'로 불린다는 것을 볼 때, 17장 9절을 일곱 개의 작은 산 위에 세워진 로마를 암시하는 구절이라 볼 수 있다.

또한 요한계시록의 여러 곳에서 '바빌론Babylon'으로 불리는 도시의 멸망이 거론되는데(14:8, 16:19, 17:5, 18:2,10,21), 이를 두고 초기 기독교의 어느 저자가 역사적으로 실재했던 바빌론의 멸망에 관심을 가졌다고 생각할 수는 없다. 대부분의 주석가들이 이해하는 바와 같이, 요한계시록에서 사용되는 '바빌론'은 로마의 상징적 별칭이다. '바빌론'은 A.D.70년 이후에 쓰인 유대교의 여러 묵시문학 문헌에서도 로마의 상징어로 사용되었는데, 유대교 저자들은 B.C.6세기에 바빌론이 행한 것처럼 A.D.70년에 로마의 군대가 예루살렘과 그 성전을 파괴했기 때문에 로마를 '바빌론'이라 불렀다. 따라서 요한이 바빌론의 멸망을 거론한 것은 로마의 멸망을 거론한 것으로 이해해야 한다.

이와 함께 계시록 1장 4절에서 이 책의 원 독자가 소아시아의 일곱 교회로 나타나는 것을 볼 때, 우리는 요한계시록이 쓰일 때의 역사적 배경을 다음과 같이 이해할 수 있다.

요한계시록은, 1세기말 로마제국이 지배할 때 자신의 신앙 때문에 밧모섬에 유배되었던 초기 기독교 예언자 요한이, 핍박받던 소아시아의 기독교인들에게 위로와 권면을 해주려고 편지 형식으로 기록한 목회서신이다. 로마제국은 여러 민족들을 정복한 후 상이한 언어와 문화와 종교를 가진 피정복민들이 공동의 조직을 통해 하나로 묶이기를 원했다. 그리고 이들이 로마 황제를 하나님으로 숭배하기를 강요했다. 그래서 이 제국은 큰 도시들에 황제를 숭배하는 신전을 짓게 했고, 이 신전 안에 황제의 입상을 세웠다. 모든 피정복민이 신전으로 와서 황제의 입상 앞에서 향료에 불을 붙이고 제물을 바치며 '우리 주 하나님 만세!'라고 외쳐야 했다. 이렇게 한 사람은 일자리를 얻을 때나 물건을 사고 팔 때 제시할 표를 받았다. 반면 황제상 앞에서 제사를 지내지 않은 사람은 국가의 적으로 간주되어 감옥에 가거나 처형당할 각오를 해야 했다.

당시 소아시아 사람들에게는 로마제국의 이러한 요구를 들어주는 것이 자연스럽고, 문제 될 것이 없었다. 그들은 "우리는 이미 많은 신들을 숭배한다. 그러므로 신을 하나 더 숭배하는 것은 문제가 되지 않는다."라고 말했다. 그러나 황제의 명령을 수용할 수 없는 사람들이 있었다. 그들은 결코 이 명령을 따를 수 없다고 여기는 그리스도인들이었다. 그들은 다음과 같이 말했다.

"우리에게는 오직 예수 그리스도를 보내주신 아버지 하나님과 그의 참된 아들인 예수 그리스도만 있을 뿐이다. 그만이 우리의 주님이시다. 그러므로 우리는 오직 그에게만 복종할 수 있고, 그에게만 기도할 수 있다. 만일 우리가 황제상 앞에 제물을 갖다 바치면, 우리는 예수 그리스도를 부인하는 것이다."

그래서 그리스도인들에 대한 박해가 일어났고, 계시록 저자는 그 희생자 중 한 사람이었다. 그는 아마도 공중 예배에 참석한 그리스도인들에게 그리스도에 대한 신앙을 잘 지켜나가기를 권고하고, 황제 숭배에 대해 저항할 것을 촉구했던 것 같다. 로마 관청은 그를 주시하다가 체포해서 급기야 밧모섬으로 유배한다. 그러나 그는 유배지에서도 늘 소아시아의 교회들에 대한 염려를 떨쳐버릴 수가 없었다. 그들에게 무슨 일이 일어나는가? 박해가 더 심해지는 것은 아닌가? 무엇보다 그들이 예수 그리스도를 부인하도록 유혹하는 모든 시험을 잘 이겨내고 있는지를 심각하게 걱정했던 것 같다.

그래서 요한은 소아시아의 그리스도인들에게 마침내 긴 편지를 쓰는데, 그것이 바로 성서의 맨 뒤에 실린 요한계시록이다. 이 서신에서 그는 소아시아의 그리스도인들을 안타까운 마음으로 위로하면서도 분명한 어투로 권면한다. 그의 권면은 그리스도인들이 현재의 박해나 눈에 보이는 사물이 아니라 그 뒤에 있는 본질적인 것, 즉 하나님의 세계로 시선을 돌려야 한다는 것이다. 왜냐하면 만물과 모든 민족, 그리고 로마 황제 역시 하나님의 손안에 있기 때문이다. 그러므로 예수 그리스도를 믿는 사람들은 이 세상에 아무리 악한 일들이 벌어지더라도 두려워할 필요가 없다고 그는 위로한다.

그러나 요한은 이 모든 것을 공개적으로 쓸 수 없었다. 실제로 그는 자신의 편지가 로마제국의 감시를 피할 수 없다는 것을 예상해야 했다. 그가 이것을 그리스도인들만 이해할 수 있는 일종의 은

어로 써야 했던 이유가 여기에 있다.

이 고찰을 통해 알 수 있는 것은, 요한계시록은 마지막 때에 일어날 사건들에 관한 하나님의 역사 시간표를 적은 책이 아니라는 점이다. 요한계시록은 세계사에서 일어날 사건들과 마지막 때에 대해 예언하는 책이 아니라, 신약의 다른 문서들처럼 이 책의 저자와 수신자들이 처해있던 특정한 상황에서 나온 작품이다. 계시록 저자는 로마로부터 박해받은 경험 속에서 예언자적인 예지로 소아시아의 기독교인들과 로마 사이에 있었던 근본적인 갈등을 인식했다. 그는 자신이 처한 현재의 환란을 마지막 때의 도래로 해석했고, 기독교인들이 장차 겪게 될 대량 학살을 예고하면서 이에 기독교인들이 어떤 자세를 취해야 하는지, 하나님은 지상에서 그의 통치권을 어떻게 확립하려 하는지에 대한 물음에 답하려고 요한계시록을 쓴 것이다.

요한계시록의 문학적 특색

요한계시록이 어떤 책인지를 이해하려면 위에서 살펴본 이 책의 역사적 배경과 함께 문학적 특색을 아는 것이 중요하다. 앞서 말했듯이 요한계시록은 서로 다른 세 가지 문학 형식의 복합체, 즉 서신과 묵시문학, 그리고 예언문학이다.

1) 서신으로서의 요한계시록

요한계시록은 분명히 서신 형식으로 쓰인 작품이다. 1장 4절에서는 발신자와 수신자들이 언급되고 있으며, 5절에는 바울서신의 형식과 유사한 서신의 인사 부분이 들어있고, 6절에는 그리스도에 대한 송영이 나타난다.

발신자: 요한

수신자: 소아시아의 일곱 교회

인사: 지금도 계시고 전에도 계셨고 또 앞으로 오실 분과, 그의 보좌 앞에 있는 일곱 영과, 또 신실한 증인이시요 죽은 자들의 첫 열매이시요 땅 위의 왕들의 지배자이신 예수 그리스도께서 내려주시는 은혜와 평화가 여러분에게 있기를 빕니다.

송영: 예수 그리스도께서는 우리를 사랑하시며, 자기의 피로 우리의 죄에서 우리를 해방하여 주셨고, 우리로 하여금 나라가 되게 하시어 자기 아버지 하나님을 섬기는 제사장으로 삼아 주셨습니다. 그에게 영광과 권세가 영원무궁하도록 있기를 빕니다. 아멘.

그리고 요한계시록의 본론 부분(4:1~22:5) 앞에는 소아시아의 일곱 교회에 보낸 서신들(2~3장)이 놓여있고, 결론부에는 초기 기독교의 서신들에서 통용되었던 끝맺음 인사가 있다. "주 예수의 은혜가 모든 사람에게 있기를 빕니다. 아멘."(22:21)

이와 같이 요한계시록은 서신 텍스트로서 '소아시아의 기독교인들'이라는 특정한 수신자가 있다. 다시 말해서 요한계시록은 일반 대중을 위해 쓰인 것이 아니라, 특정한 때와 장소에서 특정한 역사적 상황에 처해있던 소아시아의 기독교인들을 위해 쓰인 것이다. 그러나 이 서신은 사신私信이 아니다. 계시록 1장 3절을 보면 이 서신은 소아시아의 교회들의 예배 시간에 크게 낭독할 목적으로 쓰였다는 것을 알 수 있다. 따라서 이 글은 21세기에 사는 우리의 현재 상황과 미래를 예언하려고 기록한 비밀문서가 아니다. 우선 1세기 중엽(일련의 주석가들은 요한계시록의 저술 연대를 A.D.70년 이전 네로Nero가 죽은 후 갈바Galba가 잠시 통치하던 때로 생각함) 또는 1세기말(대다수의 주석가들은 요한계시록의 저술 연대를 도미티안 황제의 통치 말기로 생각함)에 어느 기독교 예언자가 특정한 상황에 처한 소아시아의 기독교인들을 위해 쓴 일종의 목회서신이다.

2) 묵시문학으로서의 요한계시록

요한계시록의 언어와 상징들, 세계관과 사유 형식들은 소위 초기 유대교의 묵시문학의 영향 하에서 표현되었다는 것이 현재 학계의 일반적인 견해다. 사실 신약성서에는 묵시문학적 텍스트가 많다.(막 13장; 마 24장; 눅 21장; 살전 4-5장; 고전 15:20-57; 고후 5:1-10; 살후 2:1-12; 벧전 2:10-12; 벧후 3:10-13) 그러나 요한계시록은 신약 성서에서 유일하게 묵시문학적으로 채색된 책이다. 요한계시록은 초기 기독교의 문헌 중 신약 정경에 포함된 유일한 묵시문학적 문헌 이다. 구약 정경과 관련해서 보면 다니엘서에 상응하는 작품이다.

현재 '묵시'에 대한 정의와 관련해서 학자들이 의견의 일치를 보지 못하고 있지만, 지금까지의 연구결과에 힘입어 우리는 고대 지중해와 근동에 '묵시'라는 문학 장르에 속하는 문헌들이 있었다는 것을 알게 되었다. 특히 초기 유대교의 묵시적 문헌들이 계시록 저자에게 큰 영향을 끼쳤다고 볼 수 있다.

그런데 초기 유대교의 묵시적 문헌들을 문학 장르라는 관점에서뿐만 아니라, 사상체계로서의 묵시주의 관점으로 더 자세히 이해하려면, 이 문헌들의 기원을 살펴볼 필요가 있다.

초기 유대교의 묵시적 사고는 이스라엘의 포로 이후 시대의 특정한 정치적, 종교적 상황과 밀접한 관련이 있다는 것이 대다수 학자들의 일치된 견해다. B.C.3세기~2세기까지 팔레스타인은 시리아의 통치 하에 있었는데, 특히 B.C.175~164년까지 이스라엘은 시리아의 안티오코스 4세Antiochos IV의 종교 정책 하에 있었다. 안티오코스 4세는 헬레니즘 정책을 엄격하게 관철하려고 노력한 사람이다. 그는 이스라엘 백성 고유의 종교행사를 금지시켰다. 그는 안식일 계명을 지키고 할례를 행하는 유대인들을 사형시켰는데, 감독자들에게 자신의 명령을 잘 지키는지 엄격하게 살피도록 했다. 이러한 상황에서 유대인들의 종교적 감성은 심하게 손상을 입었다. B.C.167년에는 예루살렘 성전의 번제단 자리에 제우스를 모시는 제단이 설립되었고, 유대인들에게 불순한 짐승인 돼지가 희생제물로 드려졌다. 이는 경건한 유대인들을 황폐하게 하는 것이었다. 그러니 이것을 임박한 종말의 표징으로 생각할 수밖에 없었다.

이 이방 제국의 헬레니즘화 정책과 박해는 이스라엘 백성들의 신정론을 종교적 진공 상태에 빠뜨렸다. 이제 과거의 인과응보 교리는 그들이 처한 현실 문제를 해결해줄 수 없었다. 이들에게는 역사의 의미, 고난의 원인, 세계의 악, 개인의 죽음 이후 운명에 대한 문제가 절박하게 제기되었다. 여기서 토라Torah나 옛 예언자들, 그리고 지혜의 가르침은 이 새로운 상황에 부합되는 만족스러운 답을 줄 수 없었다. 사람들은 신적 비밀을 밝혀줄 새로운 계시가 필요했다.

물론 이러한 계시들은 기본적으로 과거의 권위 있는 인물들의 이름을 사용하는 가명 문서의 형태로 나타났다. 묵시문학적 씨앗들을 구약의 예언서에서 발견할 수 있지만, 단행본으로서 가장 초기의 묵시사상적 문헌은 다니엘서다. 다니엘서 저자는 B.C.165년경 안티오쿠스 4세에 의한 이스라엘 종교 박해가 최고조에 이르렀을 때 이 책을 세상에 내놓았다. 그는 하나님의 무조건적인 능력과 견고한 뜻에 대해 흔들리지 않는 신앙을 강조하면서 역사의 수수께끼에 대한 대답을 주려고 했다. 다니엘서에 나오는 소위 '네 짐승 환상'에서 묵시주의의 중심 사상을 찾아볼 수 있다.

이 환상은 일련의 세계 왕국들(바빌론, 메대, 페르시아, 헬라 제국)의 종말과 영원히 멸망하지 않을 하나님 나라의 도래를 예고한다. 특히 여기서 강조하는 것은, 시대는 점점 악해지지만, 악은 오직 하나님이 정한 순간까지만 활동하며, 한번 큰 전환이 도래한다는 점이다. 여기서 큰 전환은 궁극적 통치의 교체를 의미한다. 지상 나라의 시대는 끝나며, 초월적인 하나님 통치의 새 시대가 열린다는 것이다.

여기서 알 수 있는 것은, 초기 유대교의 묵시적 사고가 이방 강대국의 헬레니즘화 정책에 대한 저항운동에서 비롯됐다는 점이다. 다니엘서의 네 짐승 환상과 유사한 역사의식을 보여 주는 이란과 이집트의 묵시적인 문헌들도 묵시적 사고가 고대 근동의 헬레니즘화에 대한 저항과 관련되었다는 것을 입증해준다. 즉, 안티오코스 1세(B.C.294/80~261년)와 셀레우코스 4세(B.C.187~175년) 사이의 시대에 이란의 마술사 그룹이 저술한 「히스타스페스Hystaspes의 신탁」과 B.C.170/169년에 안티오코스 4세의 습격에 대한 반응으로 나온 이집트의 「토기장이 신탁」이 바로 그것들이다. 시리아의 막강한 권력 앞에서 전혀 미래가 보이지 않는 역사적 상황이 이란, 이집트, 그리고 팔레스타인에서 자신의 역사 이해를 종말론적으로 해석하도록 이끌었다.

지금까지의 고찰에 근거해볼 때, 묵시적 사고는 권력의 문제와 밀접한 관련이 있다는 것을 알 수 있다. 묵시적 사상가들은 자신들 공동체의 정치적, 종교적 위기 속에서 기존 세계가 점점 혼돈에 빠지고 극적인 전환점에서 하나님에 의해 새로운 질서가 가능해진다고 보는 역사의식을 공동체 구성원들에게 불어넣어 그들에게 위로와 용기를 주려 했던 것이다.

여기서 우리의 주목을 끄는 것은 요한계시록과 초기 유대교의 묵시적 문헌 사이에는 기원 상황과 중심 사상에 매우 유사한 점들이 있다는 것이다. 따라서 요한계시록은 문학적인 면에서 초기 유대교의 묵시적 문헌과 같은 유형의 작품이라 하겠다.

3) 예언문학으로서의 요한계시록

요한계시록에는 '예언'이라는 말이 모두 일곱 번 나온다.(1:3; 11:6; 19:10; 22:7,10,18,19) 계시록 저자는 이 구절 중 11장 6절과 19장 10절을 제외한 나머지 구절에서 '예언'이라는 말을 자신의 책과 관련해 사용한다. 이것은 계시록 저자가 자신의 책의 예언적 성격을 강조한다는 점을 알게 해준다. 그런데 계시록 저자가 이 '예언'이라는 말을 어떤 의미로 사용하는지는 자세히 살펴봐야 한다.

현대 문화에서 '예언'은 미래의 길흉화복 따위를 미리 헤아려서

하는 말이라고 받아들여진다. 그러나 성서적 예언을 이런 의미로 이해하면 큰 오해가 생긴다. 사실 구약의 예언자들은 때로 이 세상의 역사적 사건들(사 7:1-8:15)과 역사의 마지막에 있을 하나님의 최종 승리(사 2:2-4; 9:2-7; 11:1-9)에 대해 예언(prediction)들을 했다. 그러나 역사적 사건들에 대한 이들의 예언들은 마치 먼 훗날의 독자들을 위해 쓴 것과 같은 원대한 미래에 대한 것이 아니었다. 그들이 때때로 예언한 것은 그 당시 독자들에게 영향을 미칠, 곧 일어날 듯한 사건들에 대해 말한 것이었다.

하지만 근본적으로 구약성서의 예언자들을 미래 사건을 말하는 사람으로 간주하는 것은 오해다. 구약의 예언자(prophet)들은 먼 미래에 일어날 역사적 사건들에 대해 말하는 예언자(predictor)들이 아니라, 그들이 살던 시대의 역사적 사건들의 의미를 말해 주는 역사 해석자들이었다. 다시 말해서 그들은 자신의 비밀을 계시하시는 하나님의 역사적 행위들에 대한 해석자들이었다. 구약의 예언자들은 역사의 사건들을 하나님의 행위로 인식할 수 있었고, 그 의미를 해석해서 자신들의 공동체에 그것들을 선포한 사람들이었다.

이스라엘은 하나님이 자신의 계시에 의해 메시지를 받고, 그것을 백성들에게 전해줄 것을 위임받은 개인을 직접 선택함으로써 그의 백성들과 의사소통을 한다고 믿었다. 예언자들의 권위는 서기관들과 랍비들, 그리고 교사들의 경우처럼 인간의 경험, 상식, 종교적 전통에 근거하지 않았다. 예언자들은 그들의 메시지를 직접 하나님으로부터 받아서 말한 사람들이다. 그들은 하나님의 계시에 근거해서 말했다. 따라서 그들이 받은 메시지는 예언(prediction)을 내포할 수도 있고 안 할 수도 있다. 예언자들이 말한 이 메시지는 하나님의 계시에 근거하기 때문에 예언(prophecy)이다.

그런데 1세기 유대교는 예언이 구약의 예언자들로 끝났고 하나님은 더 이상 직접 그의 백성들과 의사소통을 하지 않는다는 공통된 믿음을 가졌다. 그래서 이제 그들은 하나님의 뜻이 성서와 전통에 대한 해석에 의해서 알려진다고 믿게 되었다. 그럼에도 불구하고 그들은 마지막 때에 예언이라는 선물이 다시 회복될 것, 즉 예언자들에게 다시 하나님의 말씀을 직접 듣는 것이 허락될 것을 기대했다.

바로 이러한 기대가 세례 요한, 예수, 그리고 초기 기독교인들 신앙의 한 면이다. 세례 요한과 예수는 자신들을 예언자로 이해했고, 제자들에게도 그렇게 받아들여졌다. 그리고 예수의 죽음과 부활 이후에도 많은 예언자들이 기독교 공동체 안에 나타났다.(마 23:34; 행 2:14-21; 13:1; 15:32; 20:23; 21:4,10; 롬 12:6; 고전 12:10,28; 13:2,8; 14:1-40; 엡 2:20; 3:5 참조)

계시록 저자는 바로 이 초기 기독교의 예언자들 중 한 사람으로서 역사의 의미를 해석한 사람이다. 그는 그의 수신교회들이 처한 특정한 상황을 세 가지 관점에서 해석했다.

첫째, 계시록 저자는 묵시사상적 관점을 가졌던 사람이다. 그는 그의 수신교회들이 점점 헬레니즘 문화에 동화되어가고, 로마제국으로부터 박해당하는 위기 상황의 의미를 묵시사상적 관점에서 해석하고 선포했다.

둘째, 계시록 저자는 구약에 정통한 사람으로서, 특히 구약의 예언과 전통을 소중히 여긴 사람이다. 하나님이 역사의 전능하신 주로, 그의 강한 손으로 역사를 이끌어 마지막에 그의 영원한 왕국을 세우실 것이라는 요한계시록 역사관의 모티브는 이미 구약에 나타나 있다. 구약의 기본 특징은 역사 안에서 역사의 주인으로 활동하시는 하나님에 대한 신앙이다. 시내산에서의 하나님의 계시 행위는 역사 안에서 활동하시는 분으로서의 야훼에 대한 신앙을 뒷받침한다. 그러나 이 신앙은 하나님의 영원한 왕국 통치를 도래하게 하는 '야훼의 날'에 대한 종말론적 기대를 통해 이스라엘을 넘어 더 보편적으로 전개된다. 앞으로 도래할 하나님의 통치, 다시 말해서 모든 역사를 이끄는 그 활동의 마지막 결과로서의 야훼의 세계 통치는 구약의 예언 종교의 기본 테마이며, 이것은 다시 신약 예언자들의 테마가 되었다. 이것이 계시록 저자가 지닌 역사관의 뿌리다.

셋째, 계시록 저자의 역사 이해의 출발점은 예수 그리스도 안에 나타난 하나님의 구원 행동이다. 다시 말해서, 계시록 저자의 종말론적 희망은 예수 그리스도 안에서 이루어진 하나님의 구원 행위와 승리를 의미하는 그의 구원 역사에 대한 신앙에서 출발한다. 계시록 저자에게 그리스도의 구속적 죽음(1:5; 7:14; 12:11)과 승리의 승천(3:21; 5:5; 7:14)은 역사에서 종말론적 전환점이며, 하나님 역사의 완성을 보증해주는 것이다. 계시록 저자는 역사의 중심을 예수 그리스도로 보는 구속사관을 그의 역사관의 토대로 삼았다.

그런데 어떤 사람들은 다음과 같은 질문을 제기한다. '요한계시록은 저자가 실제로 환상을 보고 쓴 것인가, 아니면 단지 문학적인 창작물인가?' 이러한 질문은 잘못된 것이다. 계시록 저자가 실제로 환상을 보았다는 것을 의심할 이유는 없다. 황홀경 속에서 환상을 보는 것은 종교 현상의 한 면이다. 이러한 현상은 계시록 저자의 시대에도 있었고, 오늘날에도 있다. 계시록 저자는 환상과 계시를 진지하게 경험한 초기 기독교의 예언자들 중 한 사람이었다. 그러나 이것은 요한계시록의 내용이 단순히 계시록 저자가 본 것을 그대로 보도했다는 것을 의미하지 않는다. 계시록 저자의 종교적 전통은 이미 계시 경험 자체 안에서 능동적이었다. 그는 환상 경험 이후의 성찰과, 독자들에게 전하는 과정에서 그가 전해 받은 전통적인 자료들과, 그의 창조적이고 문학적인 상상력을 사용했다. 계시록에 나오는 환상들은 계시록 저자의 환상 경험이 문학적으로 형상화된 표현이다.

다시 말해 요한계시록은 세계사에서 일어날 사건들과 마지막 날에 대해 예언(prediction)한 책이 아니다. 계시록 저자가 말하는 미래는 먼 미래가 아니라, 1세기 독자들에게 임박한 미래(2:10) 또는 그가 임박한 것으로 느낀 역사의 마지막에 있을 하나님의 승리에 관한 것(21:1-22:5)이다. 요한계시록이 실제로 신천지나 중동, 러시아, 중국, 유럽연합과 관련된 사건들에 관한 예언의 책이었다면, 이 책은 처음 독자들이었던 1세기의 소아시아의 기독교인들에게 아무런 의미가 없었을 것이고, 그들에게 보내는 서신이 될 수도 없다. 따라서 이 책은 21세기 우리의 현재 상황과 미래에 관한 예언을 해주러 기록한 비밀문서가 아니라는 것이 분명하다.

이와 같이 이 책의 기원과 저자의 의도를 올바로 파악해야 한다. 그럴 때에 한국의 이만희의 책이나 미국의 린드세이H. Lindsay와 왈프드J. F. Walvoord 같은 세대주의자들의 영향을 받은 한국의 목회자들이 쓴 요한계시록 강해서처럼 통속적이고 선동적인 책에 넘어가지 않을 것이다. 그렇다고 해서 요한계시록이 오직 1세기 소아시아의 기독교인들만을 위한 책이라는 것은 아니다. 이 책은 21세기 우리에게도 소중한 성서다. 우리에게는 이 책이 지닌 오늘날의 의미를 밝혀야 하는 과제가 있다. 요한계시록은 오늘날 그리스도인의 정체성을 상실할 위험에 처한 사람에게 그리스도인이 누구이며, 무엇을 해야 하는지, 그리고 하나님과 그리스도를 믿는 사람으로서 참되고 선하게 사는 것이 어떤 것인지를 발견하도록 도와주는 책으로 우리 앞에 놓여있다.

11. 요한계시록의 '임박한 종말 기대'란?

휴거설에 애착이 있는 집단은 세계의 종말과 그리스도의 재림이 곧 일어날 것이라고 주장한다. 이때 이들은 꼭 요한계시록의 임박한 종말 기대에 관한 구절들을 근거로 자신들의 주장을 기정사실화한다.

사실 요한계시록에는 세계의 종말과 그리스도의 재림의 임박성에 대해 언급하는 구절들이 있다.(1:1,3; 2:5,16; 3:2,3,11; 16:15; 22:6,7,10,12,17,20) 그러나 요한계시록이 21세기에 사는 우리에게 지구의 종말과 그리스도 재림이 임박했음을 예언하려 쓰인 책이라고 할 수 있는가? 요한계시록은 우리의 현재 상황에 관한 정보와 미래에 관해 예언해주려 기록한 비밀문서가 아니라, 1세기 중엽 또는 말기에 한 기독교 예언자가 특정한 상황에 처해있던 소아시아의 기독교인들을 위해 묵시문학적 언어와 표상으로 쓴 일종의 목회서신이다.

그렇다면 요한계시록에 나오는 '임박한 종말 기대'에 관한 구절들은 어떻게 이해해야 하는가? 만일 이 구절들을 계시록 저자의 연대기적인 기술로 이해한다면 어려움에 봉착하게 될 것이다. 왜냐하면 계시록 저자가 그 당시 이미 세계 종말의 임박을 강조했음에도 역사는 약 2000년이라는 시간 동안 진행되었으니 그가 예언을 잘 못한 것이 되기 때문이다.

요한계시록의 임박한 종말 기대를 바르게 이해하려면 독일의 신약학자인 에어레만K. Erlemann의 교수자격취득논문(*Naherwartung und Parusieverzögerung im Neuen Testament*)을 참고할 필요가 있다. 그는 신약성서가 기록될 당시에 통용되었던 유대적-기독교적 시간 이해와 임박한 종말 기대를 일으킨 사회사적 요인들에 대한 고찰을 통해 신약성서의 임박한 종말 기대에 대한 설명을 잘 해주었다.

유대적 기독교인들은 하나님과 인간의 시간 척도를 구별했다. 이 둘은 서로 비교할 수 없다. 이에 대한 가장 분명한 예가 시편 9편 4-5절과 베드로후서 3장 8절이다. 하나님의 시간은 영속적인 것으로 경험되는 반면, 인간의 시간은 덧없는 것으로 느껴진다.

하나님의 시간 척도와 관련해서는 '종말론적 척도' 관념이 있다. 이 관념에 의하면 모든 사건들은 하나님에 의해 정해진 역사적 자리를 가지고 있으며, 한 역사적 현상은 다른 역사적 현상이 끝났을 때, 즉 하나님의 시간 척도가 이루어졌을 때 비로소 일어날 수 있다는 것이다. 이에 대한 가장 분명한 예는 묵시적 사건들에 대한 언급이다.

다른 한편, 하나님의 시간 척도에 대한 관념에는 고정된 결정론적 의미가 없다. 마지막 때에 있을 환난의 단축이나 중단에 대한 언급들과 하나님의 계획의 변경에 대한 언급들이 이것을 말해준다. 하나님의 시간 계획이 수정된 것은 하나님의 광범위한 구원 의지에 대한 표현이다. 하나님의 시간 계획은 결코 부동의 원리가 아니라, 그 고유의 역동성이 있다. 그러므로 마지막 시점은 예견될 수 없다. 하나님의 시간 계획은 한편으로는 마지막 시점을 산정하려는 전제로 간주되지만, 다른 한편으로는 마지막 시점을 산정하려는 모든 시도에 대한 부정의 토대가 된다. 마지막 시점에 대해서는 신약에서뿐만 아니라, 유대교 묵시사상과 다수의 초기 기독교 문헌들에서도 매우 삼가는 것을 볼 수 있다. 그리고 마지막 때의 조건들로 다음과 같은 요소들이 언급된다. 죄의 양, 고난의 양, 의인의 수가 가득 참, 이방 선교와 이방인의 때의 완성, 일반적인 회개, 하나님의 개입에 대한 지속적인 기도, 지속적이고 애타게 갈망하는 믿는 자들의 자세 등이다.

반면, 인간의 시간 척도는 본질적으로 감정 및 정서와 밀접히 연관되어있다. 쾌감, 시간에 대한 망각, 우울, 슬픔, 조급, 갈망, 불안과 같은 요인들이 시간의 경과를 상이하게 느끼게 한다. 어떤 때에는 시간이 텅 비고 의미 없는 것으로 나타나고, 그것이 거의 무한정으로 연장되는 것 같은 인상을 일으키는가 하면, 또 다른 때에는 시간이 아주 큰 긴장으로 체험될 수 있다. 그리고 정서적인 요인들은 다른 요인들에 의해 영향을 받을 수 있다. 이에 속하는 것들로서 억압의 증대 및 감소, 곧 변화될 조짐, 거짓 교사들의 메시아 재림 예고, 정치적 곤경, 자연 재앙 등을 들 수 있다.

이러한 고찰은 우리에게 요한계시록의 임박한 종말 기대에 관한 발언들을 현대의 추상적이고 연대기적인 시간 개념의 관점에서 이해할 것이 아니라, 계시록 저자 당시에 통용되었던 유대적-기독교적 시간 개념의 관점에서 이해해야 한다는 것을 알게 해준다. 이 유대적-기독교적 시간 이해의 관점에서 볼 때 마지막 때가 가까웠다는 말은 에어레만이 강조한 바와 같이, 기본적으로 정보의 전달이 아니라 기분 또는 행동에 영향을 끼치기 위함이라는 것을 알 수 있다. 계시록 저자는 임박한 종말 기대를 정보 전달의 의미가 아니라, 그가 처했던 특정한 상황에서 정서적으로 느낀 시간 경험을 표현한 것이다. 아래에서 볼 수 있는 바와 같이, 계시록 저자의 임박한 종말 기대의 동인은 계시록 저자가 처했던 위기 상황이 근본적으로 속히 변화되기를 갈망한 데 있으며, 이 갈망은 하나님이 곧 개입해주실 것에 대한 희망이다.

우리는 임박한 종말 기대가 일정한 사회-역사적 요인들에 의존한다는 점을 잘 인식할 필요가 있다. 초기 기독교의 많은 작품들 속에서 표현된 '임박한 종말 기대'가 산발적이거나 광범위한 박해 경험 속에서 나왔다고 보는 것은 현재 학계의 일반적인 견해다. 임박한 종말 기대는 비교적 평화롭고 고요한 기간보다는 억압받는 상황 속에서 더 큰 의미와 중요성을 지닌다.

여기서 에어레만의 설명을 참고할 필요가 있다. 왜냐하면 그는 사회사적인 관점에서 볼 때 임박한 종말 기대가 어떤 현상이며, 이 기대를 일으킨 요인들은 무엇이었는지에 대해 설득력 있게 잘 설명해주었기 때문이다. 에어레만은 구약 시대부터 콘스탄틴 전환점에 이르기까지의 초기 기독교 시대 안에서 임박한 종말 기대를 갖게 한 요인들을 찾아 다음과 같이 정리해 주었다.

첫째, 지속적인 제의적, 정치적, 사회적 곤경들 (예언적 전통)

둘째, 정치적 기상 상태의 대변동 (제2 이사야, 학개, 스가랴, 바르코흐바 저항운동 등)

셋째, 심한 정치적 억압 (포로기의 예언, 묵시사상적 전통)

넷째, 소수층이 멸시받고 박해당하는 상황 (예수 운동, 콘스탄틴 전환점에 이르기까지의 초기 기독교)

여기서 에어레만은 임박한 종말 기대의 결정적 요인이 감정적-정서적 영역에 있다는 점을 강조한다. 즉 임박한 종말 기대는 불안과 희망을 시간 영역으로 투사한 형식이며, 근본적인 변화가 속히 이루어지기를 갈망하는 것이 그 동인이라는 것이다. 따라서 요한계시록의 임박한 종말 기대를 역사적 정보를 제공하는 예언으로 이해할 것이 아니라, 계시록 저자와 그의 수신 교회들이 처했던 위기 속에서 정치적으로, 정서적으로 그들의 불안과 희망을 표현한 방식으로 이해해야 한다.

다시 한 번 확인하자면, 계시록 저자는 21세기 우리에게 지구의 종말과 그리스도의 재림이 임박했다는 것을 예언하려고 임박한 종말 기대에 관해 발언한 것이 아니다. 이 발언은 현대의 추상적이고 연대기적인 시간 개념의 관점에서 이해해서는 안되고, 요한계시록이 기록될 당시에 통용되었던 유대적-기독교적 시간 개념의 관점에서 이해해야 한다. 계시록 저자는 하나님의 시간 척도와 인간의 시간 감각을 구별한 사람이다. 그의 임박한 종말 기대는 자신이 정서적으로 느낀 시간 경험의 표현으로서, 본인의 불안과 희망을 시간 영역으로 투사한 형식이다. 계시록 저자는 그의 수신 교회들이 점점 헬레니즘 문화에 동화되어가고 로마제국으로부터 박해당하는 상황 속에서 심한 불안을 느끼는 위기 상황이 속히 근본적으로 변화하기를 애타게 갈망했다. 이때 그는 하나님이 곧 개입해주실 것을 간절히 바랐다. 바로 이러한 불안과 희망을 임박한 종말 기대로써 표출한 것이다.

12. 루시퍼Lucifer에 대한 오해

한국의 많은 목회자들과 교인들은 루시퍼를 사탄이 된, 타락한 천사로 알고 있다. 본래 그는 최고로 높은 천사 직책을 차지하고 있었고, '아침의 아들, 계명성'이라 불릴 정도로 하나님으로부터 총애받던 천사였다고 한다. 그런데 그는 하나님께 영광을 돌리는 존재로 남아있기보다는 스스로 하나님이 되기를 소망했기 때문에 하나님을 배반하고 말았다는 것이다. 결국 이 타락한 루시퍼는 사탄이 되었고, 루시퍼를 따라 하나님을 배반한 천사들은 사탄의 졸개인 마귀들이 되고 말았다는 것이다.

이들은 이러한 앎에 대한 근거로 구약성서 이사야 14장 12절을 제시한다. "너 아침의 아들 계명성이여, 어찌 그리 하늘에서 떨어졌으며, 너 열국을 엎은 자여, 어찌 그리 땅에 찍혔는고."

여기에 나오는 '계명성'은 히브리어 '헬렐helel'을 번역한 말인데, 옛 라틴어 번역본이 이를 '루시퍼(빛의 운반자)'로 번역했고, 킹 제임스 영역본이 이것을 그대로 받아들여 'Lucifer'로 번역했다. 그런데 많은 기독교인들은 이 루시퍼가 나오는 이사야 14장 12절을 에스겔 28장, 누가복음 10장 18절, 그리고 요한계시록 9장 1절 및 12장 9절과 연결지어 사탄의 기원에 관한 모종의 사실을 말해주는 구절로 이해한다.

그러나 많은 주석가들은 이러한 해석을 전혀 설득력 없는 억측에 불과한 것으로 본다. 왜냐하면 이사야 14장 12절의 문맥을 보면 이 구절은 엄청난 교만 때문에 선지자 이사야의 비판을 면치 못한 어느 바빌론 왕에 대한 풍자시의 문맥에서 등장하기 때문이다. 이사야 14장 3-21절 단락에서 저자는 이 폭군을, 가장 높은 하늘로 올라가서 하나님과 같아지려고 했지만 바로 그 때문에 땅 위로 추락했다는 어떤 천상의 존재에 견준다. 따라서 이 단락은 천사의 타락 및 사탄의 유래와는 아무 관련이 없다는 것을 알 수 있다. 악마로서의 '루시퍼'는 성서적 근거가 전혀 없는 신학적 사변의 인위적 산물이다.

악마로서의 루시퍼의 기원에 대해서는 『악의 역사(The Devil: Perceptions of Evil from Antiquity to Primitive Christianity)』 4부작을 집필한 미국의 역사학자인 제프리 버튼 러셀J. B. Rusell이 그의 저서 『루시퍼: 중세의 악마(Lucifer: The Devil in the Middle Ages)』에서 다음과 같이 말해주었다.

> "루시퍼'라는 이름은, 「이사야서」 14장의 위대한 왕, 새벽별, 자신의 자만심 때문에 하늘에서 떨어진 헬렐 벤 사하르Helel-ben-Shahar와, '창조된 날로부터 죄악을 저지를 때까지 나름대로 완

벽했던'「에제키엘서」 28장의 거룹과, 이 세상의 왕이며 하나님 왕국의 방해자인 사탄과의 연합으로 생겨났다. 이 세 개의 개념들이 정확하게 언제 합쳐졌는지는 확실하지 않지만, 오리겐 Origen*은 3세기경에 하나로 합쳐진 것으로 간주했다."(제프리 버튼 러셀,『루시퍼: 중세의 악마』, 김영범 역, 르네상스, 2006)

---

* 알렉산드리아 학파를 대표하는 교부

13. 무엇이 '복福'인가

　기독교 목회자들 중에는 기독교가 기복신앙을 말하는 것이 잘못이 아니라고 강변하는 사람들이 있다. 구약성서에는 기복신앙에 대한 내용들이 많이 나오기 때문이다. 물론 구약성서에는 기복적인 이야기들이 많다. 그러나 구약성서가 어떤 책이며, 이 책을 어떻게 읽는 것이 바람직한 것인지를 잘 알아야 한다.

　구약성서는 고대 이스라엘 사회의 산물로서 고대 이스라엘 땅의 차지와 자손의 번성을 위해 쓰인 책이다. 본래 유대교 경전인 이 책의 이름은 '율법서, 예언서, 성문서'인데, 기독교에서 이 책의 이름을 '구약성서'로 바꾸었다. 새 약속인 신약성서에 비추어 볼 때 이 책은 옛 약속의 성서라는 것이다. 따라서 기독교인들이 이 책을 읽을 때는 유대교인들과는 달리 신약성서와의 관계 속에서 읽어야 한다. 기독교에서 신약과 구약의 관계를 보는 시각이 다양하지만, 보편적인 입장은 예수 그리스도의 생애와 초기 기독교 교회의 삶을 기록한 신약이 구약보다 더 높은 권위를 지닌다고 본다.(『굿 뉴스 스터디 바이블(*Good News Study Bible*)』개역개정판(대한성서공회, 2000), 『신약전서』(대한성서공회, 2001)

　그래서 성서를 해석하고 적용하는 실제적 지침서를 쓴 듀발

Duvall과 헤이즈Hays는 그들의 저서인 『성경해석(*Grasping God's word*)』(류호영 역, 성서유니온선교회, 2009)에서 구약을 주해할 때는 다음 단계를 거쳐야 한다고 주장한다.

첫째, 원래의 역사적 문맥에서 본문 파악하기: 성서 본문은 원래의 독자들에게 무엇을 의미했는가?

둘째, 건너야 할 강의 너비 재기: 성서 독자들과 우리 사이에 놓여 있는 차이점들은 무엇인가? 만일 구약의 본문을 읽는다면, 예수 그리스도의 삶과 사역의 결과로 생겨난 중요한 신학적 차이점들을 구별하려고 노력해야 한다.

셋째, 원리화의 다리 건너기: 본문에 담겨 있는 신학적 원리는 무엇인가? 성서 독자들의 상황과 우리의 상황 사이에 놓여있는 유사점들이 있는지 찾아보고, 유사점들과 연관되어 있는 보편적인 신학적 원리를 찾아내려고 노력해야 한다.

넷째, 우리의 현 상황에서 본문을 파악하기: 오늘날 그리스도인은 이 신학적 원리를 자신의 삶에 어떻게 적용해야 하는가?

이러한 관점에서 구약에 나오는 복 개념은 옛 언약에 해당하는 것이기 때문에, 신약의 복 개념과의 비교 속에서 이해해야 한다.

신약의 복 개념은 구약의 기복적인 복 개념을 벗어나서 윤리적인 덕을 중시한다. 예수의 산상설교에 나타나는 '팔복八福'에는 기복적인 요소가 전혀 없고, 마음과 윤리와 신앙적 핍박과 관련된 복 개념이 나타난다. 그리고 요한계시록의 '칠복七福'에도 기복적인 요소가 전혀 없고, 그리스도인들의 신앙고백에 일치되는 삶과 관련된 복 개념이 나타난다. 야고보서의 복 개념도 마찬가지다.

이에 근거해서 볼 때, 구약만 가지고 기독교가 기복신앙을 말하는 것이 잘못이 아니라고 강변하는 것은 성서 전체의 복 개념에 대한 무지에서 비롯된 것이다. 한국의 많은 목회자들이 이러한 편견과 고정 관념에 사로잡혀 있다는 것은 불행한 일이다.

14. 코로나19의 부적이 된 시편 91편

어느 유튜버가 〈코로나가 얼씬도 못하는 성경 말씀 시편 91편〉 이라는 제목을 달고 시편 91편을 낭독하는 것을 본 적이 있다. 이 시편에는 염병과 관련해서 이런 내용이 나온다.

3절: 정녕, 주님은 너를, 사냥꾼의 덫에서 빼내주시고 죽을병에서 너를 건져주실 것이다.

6절: 흑암을 틈타서 퍼지는 염병과 백주에 덮치는 재앙도 두려워하지 말아라.

7절: 네 왼쪽에서 천 명이 넘어지고, 네 오른쪽에서 만 명이 쓰러져도, 네게는 재앙이 가까이 오지 못할 것이다.

9절: 네가 주님을 네 피난처로 삼았으니,

10절: 네게는 어떤 불행도 찾아오지 않을 것이다. 네 장막에는, 어떤 재앙도 가까이하지 못할 것이다.

이 유튜버는 이러한 시편 구절들을 글자 그대로 믿고 위 제목을 달아 이 시편을 낭독한 것이다. 이에 대한 댓글은 더 가관이다.

"말씀이 속에 있으면 염병이 들어오지 못합니다. 하지만 오늘날 교회들은 말씀이 없으며 믿음 또한 없으므로 세균을 더 경외하여 교회 문을 닫고 숨어 예배를 드립니다. 재앙과 환난 날에 하나님의 영광을 높이는 것이 목자의 양심이며 죽기까지 충성하는 것이 영원히 사는 길입니다."

다른 댓글들도 대다수가 '아멘'으로 화답했다. 이러한 현상은 성서를 문자 그대로 이해하기 때문에 일어난다. 우리나라에는 성서를 하나님이 직접 들려준 말씀을 기록한 책으로 믿는 근본주의적인 기독교인들이 많다. 이들은 성서를 성령이 말씀하는 바를 그대로 받아 적은 무오無誤한 텍스트로 여긴다. 그러기에 이들은 성서를 하나님의 말씀과 동일시하고, 성서의 어느 부분도 그 진실성을 의심해서는 안 되며, 문자 그대로 믿어야 한다고 주장한다.

그러나 고대 교회에서 가장 중요한 교부였으며, 서방 교회에 가장 큰 영향을 끼친 어거스틴은 성서와 성서가 말하고 가리키는 바를 동일시하는 입장을 거부했다. 그는 성서를 '하나님에 관해 말하는 인간의 텍스트'라고 주장했다. 다시 말해서, 성서는 '하나님과 자기 자신과 이웃들에 대한 올바른 태도로 이끄는 안내서'라는 것이다. 이러한 관점에서 어거스틴은 성서 텍스트에 대한 철저한 언어학적 분석의 필요성을 주장했다. 그는 성서 텍스트도 인간의 여타 텍스트와 마찬가지로 기호론적 체계 안에서 해석되어야 한다고 생각했다. 그는 이러한 관점을 통해 성서를 읽는 사람들을 문자주의와 자의적인 알레고리화의 위험에서 벗어나게 해주었다. 어거스틴의 이러한 해석학적 관점은 성서주의, 즉 성서 텍스트를 절대적으로 무오하다고 믿고 무비판적으로 숭배하는 태도를 배제한다.

루터와 칼빈, 츠빙글리 같은 종교개혁자들도 소위 근본주의자들이 말하는 '성서에 대한 축자 영감 교리'를 주장하지 않았다. 루터는 성서를 어떤 모순도 없는 정말 무결한 책으로 취급하지 않았다. 그는 성서 각 권의 신학적인 차이를 잘 알고 있었는데, 자신의 특별한 신학적인 관점을 토대로 이 차이들에 접근했다. 칼빈은 다양한 주석적 판단에 대해 루터보다 더 개방적이었다. 그는 풍성한 해석학적 전통의 기술들을 활용했고, 자신의 연구 관점에서 성서 구절을 비평할 수 있다고 생각했다. 그러나 그 이후의 칼빈주의자들은 이러한 해석학적 기술들을 상실했고, 성서의 절대적이고 문자적인 권위를 무비판적으로 옹호했다. 이러한 입장을 20세기 미국에서 나타난 소위 근본주의자들이 더 강화했고, 한국의 많은 기독교인들은 바로 이 근본주의 신학의 영향을 받고 성서주의에 빠져있다.

그러나 이러한 기독교인들은 루터, 칼빈, 츠빙글리, 웨슬리 같은 종교개혁자들 모두가 성서에 대한 비평적 해석의 필요성에 동의했다는 사실을 알아야 한다. 그리고 종교개혁자들과 17세기 정통주의

자들 간의 차이를 분명히 알아야 한다. 이른바 정통주의 신학자들은 종교 개혁의 본질적인 측면 중 하나를 내팽개쳤다. 그것은 바로 모든 기독교인들이 성서를 비평적으로 연구할 수 있는 자유였다.

그런데 한국의 근본주의적인 기독교인들은 이러한 성서 비평에 대한 자유를 자유주의 신학자들의 잘못된 성서관에서 나온 것으로 폄하한다. 하지만 오늘날 미국의 복음주의 계열에서는 한국의 보수적인 복음주의자들과는 달리 성서에 대한 비평적 해석의 필요성에 공감한다. 그래서 이들은 비평적 주석과 해석학에 대한 좋은 책들을 많이 출간 중이다. 다행히 우리나라에서도 이러한 책들을 번역해서 내놓았다. 이 책들 중 성서유니온 출판사에서 출간한 『성경해석』(스코트 듀발J. Scott Duvall/다니엘 헤이즈J.Daniel Hays)과 『성경을 어떻게 읽을 것인가(How to Read the Bible for All Its Worth: Fourth Edition)』(고든 디 피Gordon D. Fee/더글라스 스튜어트Douglas Stewart), 그리고 『책별로 성경을 어떻게 읽을 것인가(How to Read the Bible Book by Book: A Guided Tour)』(고든 디 피/더글라스 스튜어트)는 평신도도 읽을 수 있는 책들이다.

그러면, 앞서 언급한 시편 91편을 비평적 해석의 관점에서 간단하게 살펴보자.

첫째, 시편 91편은 하나님이 직접 들려준 말씀이 아니라, 고대 이스라엘의 한 시인이 창작한 시다. 여기서는 히브리인의 강한 감정적인 언어가 사용되었다.

둘째, 이 시는 시편의 여러 유형들 중 '신뢰의 노래'에 해당한다. 이 시는 하나님이 신뢰할 만한 분이기 때문에 그분의 그늘 아래에 머물면, 구원을 얻게 될 것이라는 확신을 노래한다. 그런데 여기서 하나님을 신뢰하는 자에게는 어떤 불행도 찾아오지 않을 것이고, 어떤 재앙도 가까이하지 못할 것이라고 노래하는 대목은, 하나님을 신뢰하는 자의 운명에 관한 객관적인 진술이 아니라 예배하는 자의 신앙고백적인 언어라는 것을 알아야 한다.

셋째, 구약의 시인들은 교리를 진술한 것이 아니라, 비유적 심상으로 그림을 그린 사람들이다.

넷째, 다음 표현들은 수사법상 과장법에 해당한다.

> 7절: "천 명이 넘어지고, 만 명이 쓰러져도, 네게는 재앙이 가까이 오지 못할 것이다."
> 10절: "네게는 어떤 불행도 찾아오지 않을 것이다."
> 12절: "너의 발이 돌부리에 부딪히지 않게 천사들이 그들의 손으로 너를 붙들어 줄 것이다."
> 13절: "네가 사자와 독사를 짓밟고 다니며, 사자 새끼와 살모사를 짓이기고 다닐 것이다."

여기서 시인은 과장을 써서 자신의 깊은 정서를 표현하려고 한 것이다. 이걸 모르니까 〈코로나가 얼씬도 못하는 성경 말씀 시편 91편〉이라는 어처구니없는 말이 나오는 것이다. 한국의 근본주의적인 기독교인들은 성서도 과장법을 많이 사용한 책이라는 사실을 분명히 알아야 한다. 예를 들어, 마가복음 16장 18절에서 "믿는 사람들은 손으로 뱀을 집어 들며, 독약을 마실지라도 절대로 해를 입지 않으며, 아픈 자들에게 손을 얹으면 나을 것이다."라고 해서 뱀을 집어 들거나 독약을 마신다면, 그 사람은 정상이라고 볼 수 없다.

다섯째, 시편 91편에서 '전쟁이나 질병이나 그 무엇도 하나님을 신뢰하는 자들을 건드리지 못한다'는 것은, 인생이 늘 장밋빛이라는 뜻이 아니다. 다니엘 헤이즈가 그의 저서 『성경 해석』에서 말했듯이, "신약이나 구약 모두 하나님이 항상 개입하셔서 우리를 모든 실제적인 어려운 상황 속에서 구해내신다고 가르치고 있지 않음을 주목하라. 하나님의 백성은 성경 전반에 걸쳐서 고난과 육체적인 죽음을 당하는 것으로 묘사된다. 그리스도인들은 여전히 암에 걸려 죽는다. 자동차 사고들도 여전히 일어난다."

결론적으로 말하면, 한국의 기독교인들이 더 성숙한 신앙생활을 하려면 무엇보다도 '성경 우상 숭배'와 '문자주의'에서 벗어나는 것이 시급한 일이다. 종교학자인 오강남 교수가 적절하게 말을 잘 해주었다.

"기독교의 경우, 성경을 절대적인 하나님의 말씀이자 일점일획도 틀림이 있을 수 없는 책으로 여길 뿐만 아니라, 우리만 성경을 잘 믿고 우리만 성경대로 산다고 주장하는 것은 우리도 모르게 성경을 불변하는 하나님처럼 모시는 '성경 우상 숭배'에 깊이 빠진 상태다. 하나님 자체를 믿는 대신 성경에 나타난 하나님에 대한 특수한 역사적 표현 양식, 하나님에 대한 특정 관념이나 상징을 절대적인 것으로 여겨 이것을 하나님 자신 이상으로 떠받드는 우상 숭배자가 된 셈이다. 성경이나 경전 자체에 사로잡히지 말자. 더군다나 그 문자나 자구에 사로잡히면 안 된다. 손가락에서 눈을 돌려 그것이 가리키는 실체를 바라보자." (오강남, 『종교란 무엇인가』, 김영사, 2012)

15. 하나님은 은혜로 교육하신다

디도서 2장 11-14절은 신약성서에서 기독교 교육의 강령에 해당하는 중요한 단락이다. 여기서 디도서 저자는 교회 교육의 특성, 이유, 목적, 방법에 대해서 말해준다.

우선 주목해야 할 구절은 11-12a 절이다. 여기서 저자는 모든 사람을 구원하는 하나님의 은혜가 나타나서 우리를 교육한다고 진술한다. 이것은 그 당시로서는 매우 독특한 사상이다. 왜냐하면 그 당시 그리스인은 인간 중심적인 교육 사상을 지녔기 때문이다. 그들에게는 교육의 주체도 인간이었고, 교육 방법도 인간의 자율적인 방법이었다. 그들은 인간의 잠재적인 가능성을 인간이 개발한 교육 방법을 통해 끌어올리면 더 높은 차원의 인간이 될 수 있다고 생각했다.

이에 반해서 디도서 저자는 하나님 중심적인 교육 사상을 피력한다. 여기에는 본질적으로 인간 자신에게는 선을 행할 능력이 없다는 인간 이해가 전제되어 있다. 그래서 디도서 저자는 모든 사람을 구원하는 하나님의 은혜가 우리를 교육한다고 하는 것이다. 여기서 그는 하나님의 교육을 오직 그의 백성이 받도록 하는 하나님 은혜의 선물로 표명하고 있으며, 진정한 교육자는 인간이 아니라 하나님이라는 것을 강조한다.

그러고 난 후 디도서 저자는 교육의 이유와 목적을 제시한다. 이유는 사람들이 불경건하고 속된 욕심에 빠져있기 때문이고, 목적은 이 세상에 있는 동안 이러한 욕심에서 벗어나 신중하고 의롭고 경건하게 살도록 하여 그리스도가 다시 나타날 때에 궁극적 구원에 이르도록 하는 데 있다는 것이다. 이 내용은 바로 다음 단락인 3장 3-5절에서 볼 수 있는 소위 '전에는-이제는' 대조와 연관해서 이해할 수 있다. 불경건과 속된 욕심은 그리스도 이전과 밖에서의 인간의 상황에 대한 표현이고, 바로 다음에 나오는 덕 목록은 이제 그리스도를 믿는 사람들이 하나님의 은혜의 교육적인 활동을 통해 이루어야 하는 기독교적 삶에 대한 표현이다.

여기서 눈여겨볼 대목은 교육 목적에 세 가지 주요 덕목인 '신중愼重', '의義', '경건勁健'이 사용된다는 점이다. 이것은 '교육'과 주요 덕목을 밀접히 연관지은 그리스의 오랜 전통에서 유래한다. 사실 플라톤-스토아적 전통에서 4주덕主德은 '의', '지혜', '용기', '절제(신중)'였다. 그러나 후기 상고시대와 초기 고전시대의 4주덕 목록에는 '경건'이 나타난다. 그리고 헬레니즘계 유대교의 대학자였던 필로에게서도 '경건'이 '용기' 대신에 4주덕 중 하나로 나타나는데, 여기서 '경건'은 모든 덕 중 가장 위대한 덕으로 나타나며, 디도서 2장 12절의 세 덕 목록과 같은 순으로 '신중', '의', '경건'이 나타난다. 이와 같이 디도서 2장 12절에 나오는 덕 있는 삶의 내용은 그리스적 윤리 철학에서 사용한 덕 목록과 일치한다. 따라서 디도서가 말하는 하나님 은혜의 교육의 목적은 그 당시 교회 밖의 그레코로만 시대의 주변 세계와 같이 덕德을 획득하는 데 있다는 것을 확인할 수 있다.

그러나 교육 방법에서 디도서 저자는 앞서 언급한 그리스의 방법과는 아주 다른 방법을 제시한다. 14절에서 저자가 제시하는 하나님 은혜의 교육의 주요 교육 방법을 읽어낼 수 있다. 이 절에 나오는 그리스도의 십자가 죽음에 관한 진술은 하나님 은혜를 교육하는 주요한 방식으로 이해할 수 있다. 왜냐하면 이 죽음의 목적이 "그리스도께서는 우리를 위해서 자기 몸을 내주셨습니다. 그것은 우리를 모든 불법에서 건져내시고, 깨끗하게 하셔서, 선한 일에 열심을 내는 백성으로 삼으시려는 것입니다."로 진술되고 있기 때문이다. 여기서 디도서 저자는 자기 몸을 내어주는 희생과 사랑이 기독교 교육 방법의 본질적인 특징임을 암시해준다. 다시 말해 디도서 저자는 그리스도의 십자가 죽음에서 하나님 은혜 교육의 궁극적 방법을 보는 것이다.

16. 영성靈性이 뭔 줄은 알고?

한국 개신교 목회자들 가운데는 '영성'이라는 말을 좋아하지 않는 사람들이 꽤 있다. 우리말 성서에는 '영성'이라는 단어가 한 번도 나오지 않기 때문이다. 이들에 의하면 '영성'은 가톨릭의 용어지 성서적 용어가 아니라는 것이다. 따라서 '영성' 대신에 성서에 자주 나오는 '경건'이라는 말을 사용해야 한다고 강변한다.

물론 우리말 성서를 보면, '영성'이라는 단어가 한 번도 나오지 않는다. 그러나 영어 성서를 보면 얘기가 달라진다. 영어 성서 베드로후서 1장 4절에 'divine nature'라는 용어가 나오기 때문이다. 이 용어는 영어에서 'spirituality', 'divinity'와 함께 '영성'을 뜻하는 표현이다. 이 용어는 우리말로 '하나님의 본성', '하나님의 성품', '신의 성품', '신적 성품', '신성한 성품'으로 번역되었다. 이 중 '신적 성품' 또는 '신성한 성품'이 주목을 끈다. 왜냐하면 이 표현은 '영성'의 사전적 의미인 '신령한 품성이나 성질'과 일맥상통하기 때문이다. 따라서 성서에는 '영성'이라는 단어가 한 번도 나오지 않는다는 주장은 사실이 아니라는 것을 알 수 있다.

그런데 기독교의 영성 신학사를 보면, 바울서신에 나오는 '영적'이라는 말이 큰 역할을 한 것을 알 수 있다. 바울서신에는 '영적인 인간'과 '육적인 인간'의 대립이 나온다. 여기서 '영적'이라는 말은 성령을 따르는 것을 말하고, '육적'이라는 말은 성령을 거스르고 자신의 의지와 욕심을 따르는 것을 말한다. 바로 이 '영적'(헬라어 '프뉴마티코스pneumatikos')이라는 형용사에서 명사인 '영성'이라는 말이 나왔는데, 그 배경은 이렇다. 처음 2세기 말까지 초대 교회에서는 헬라어를 사용했다. 그러나 서서히 로마제국 안에서는 라틴어만을 사용하면서 '영'을 뜻하는 헬라어 '프뉴마pneuma'가 라틴어 '스피리투스spiritus'로 바뀌게 되었다. 그리고 '영적'이라는 말은 '스피리탈리스spiritalis' 또는 '스피리투알리스spiritualis'로 표현되었고, 여기서 '영성'을 뜻하는 '스피리투알리타스spiritualitas'라는 말이 나오게 된 것이다. 이 '영성'이라는 말을 처음 사용한 사람으로 알려진 파우스투스Faustus(리에즈 지방의 주교)는 위에서 본 바울의 말대로 성령을 따르라는 뜻으로 '영성'이라는 말을 사용했다.

그러나 바울서신에는 '영성'이라는 표현이 한 번도 나오지 않는다. 앞에서 보았듯이, 오히려 베드로후서에 '영성'을 말하는 표현이 나온다. 따라서 과감한 제안을 하자면 앞으로 기독교의 영성 신학을 논할 때는 바울서신보다는 베드로후서에서 신학적 근거를 찾아야 한다는 것이다.

최근에 원로 종교학자인 길희성 교수가 모 일간지와의 인터뷰를 통해 "제도 종교의 시대는 막을 내렸다. 이제는 종교에서 영성으로

가야 한다."라고 말했다. 바야흐로 오늘날 세계는 종교의 시대에서 영성의 시대로 넘어가는 중이다.

그런데 '영성'을 '성령을 따르는 것'에 국한해서 말하면, 오늘날 '영성'을 광범위한 의미로 사용하는 현대인들에게는 쉽게 다가오지 않는다는 어려움이 있다. 오히려 현대인들에게는 베드로후서처럼 '신성한 성품'이라는 의미로 '영성'을 말하는 것이 더 친숙하게 다가올 수 있다. 베드로후서는 이 '신성한 성품'의 내용으로 여덟 가지 덕목을 제시한다. 그것은 '믿음', '덕', '지식', '절제', '인내', '경건', '형제 우애', '사랑'이다. 여기서 알 수 있는 것은, '신성한 성품'은 '믿음'으로 시작해서 '사랑'으로 완성되는 점진적인 과정을 통해 갖추어진다는 사실이다.(8가지 덕목의 점진적인 연관성에 대한 자세한 설명은 채영삼의 『공동서신의 신학』, 464~484쪽에 있다) 베드로후서가 말하는 '영성'은 불교식으로 말하면 단박에 깨닫는 '돈오頓悟'보다는 점진적으로 닦아가는 '점수漸修'에 해당한다.

앞으로 한국 교회의 미래는 '영성'을 어떻게 이해하고 훈련하는가에 달려있다고 본다. 한국 교회의 고질적인 병폐는 기복신앙과 성령 열광주의, 그리고 묵시 열광주의에 있다. 이 병폐에서 벗어나는 길은 '영성'에 대한 올바른 이해에 있다. 그러려면 베드로후서가 말하는 '영성', 즉 '신성한 성품'을 주목할 필요가 있다. 이 '신성한 성품'을 잘 이해하고 함양해갈 때, 한국 교회에 희망이 있다.

종교, 따르다

1. 십일조, 꼭 내야 하는가

예수 믿으라고 전도하면 많은 사람들이 이구동성으로 "십일조 때문에 부담스러워 교회에 못가겠다."고 말한다. 그럼에도 불구하고 한국 교회는 계속 십일조 헌금 제도를 고수하며, 십일조를 마치 신앙의 기준이 되는 것처럼 매우 중시한다.

역사적으로 유럽에서는 이 헌금 제도가 교회와 성직자들의 부의 축적 및 부패와 연관되었기 때문에 프랑스혁명 때 폐지되었다. 성서를 보면, 본래 고대 이스라엘의 십일조 제도는 땅을 분배받지 못한 레위지파 사람들과 제사장들, 그리고 가난한 사람들(특히 고아와 과부들)을 위한 사회보장제도로 실시된 것이다.

그런데 한국의 많은 목회자들은 이러한 역사적 사실을 망각하고 구약성서의 십일조 규정을 인용하면서 이 제도를 고수하려고 한다. 이러한 목회자들에게 묻고 싶다. 그대들은 성서를 제대로 아는 것인지, 아니면 알면서도 그대들에게 불리한 것은 감추고 유리한 것만 내세우는 것인지.

물론 구약의 율법서(레위기 27:30-33; 민수기 18:21-32; 신명기 12:5-18; 14:22-29)와 말라기서(3:6-12)에는 십일조 의무 규정이 있다. 그러나 아모스서(4:4-5; 5:21-24)에는 공의와 정의를 등한시하고 절기 행사와 성회, 그리고 십일조를 포함한 여러 제물들을 바치는 것을 중시하는 입장을 비판하는 내용도 나온다. 그리고 신명기 (14:28-29; 26:12)에는 삼 년에 한 번씩 그해 소출의 십일조는 성소에 바치는 것이 아니라, 성 안에 저장해두었다가 유산도 없고 차지할 몫도 없는 레위 사람이나 떠돌이나 고아나 과부들에게 주라는 규정도 있다. 십일조를 내라는 규정만 하나님의 명령이고 이러한 규정들은 하나님의 명령이 아닌가? 한국의 목회자들은 왜 십일조를 꼭 교회에만 내라고 가르치는가?

삼 년에 한 번 십일조를 교회 재정에 포함시키지 않고, 오직 가난한 사람들을 위해 쓰게 한다면 얼마나 놀라운 일이 벌어지겠는가? 온 국민이 한국 교회에 큰 박수를 보낼 것이며, 우리나라의 사회복지제도에 큰 변화가 일어나지 않겠는가? 성서의 십일조 규정을 문자 그대로 지키고 싶으면, 일부만 지키지 말고 다 지키시라. 신도들을 속이지 말라. 신약성서 디모데후서 1장 3절에는 바울이 조상들을 본받아 깨끗한 양심으로 하나님을 섬긴다고 고백하는 내용이 나온다. 목회자는 깨끗한 양심으로 하나님을 섬겨야 한다는 말이다. 목회자가 삼 년에 한 번 소위 '가난한 자를 위한 십일조'를 실천하지 않는 것은 하나님과 신도들 앞에서 양심을 속이는 행위다.

다른 한편, 십일조 규정이 성서에 나온다고 이것을 반드시 지켜야 하느냐 하는 문제가 있다. 구약성서는 고대 이스라엘 사람들이 이집트에서 탈출한 후, 신정국가 설립을 위해 쓴 고대 이스라엘 사회의 산물이다. 십일조는 이 신정국가 설립과 관련된 율법의 여러 규정들 중 하나다. 따라서 이 율법은 어떤 상황에서도 반드시 지켜야 한다는 영속성이 없다. 제도는 상황에 따라 얼마든지 바뀔 수 있는 것이다.

또한 초기 기독교의 역사 연구를 하려면 꼭 읽어야 하는 책 중에 『디다케(The Didache)』라는 사도적 교부 문헌이 있다. 이 문헌은 약 100년경 시리아 어느 시골 교회의 그리스도인이 편집한 교회 규범서다. 놀랍게도 이 교회 규범서에는 십일조 규정이 없다. 그 대신 구약의 만물을 바치라는 규정을 따른다. 이러한 사실은 초대 교회의 헌금 제도가 다양했다는 것을 말해준다. 초대교회도 십일조를 하는 교회와 하지 않는 교회가 있었다는 말이다. 이러한 역사적 사실을 무시하고 십일조를 마치 신앙의 기준이 되는 듯 영원히 변할 수 없는 하나님의 명령으로 얘기하는 것은 무지의 소치다.

2. '오직'이라는 우상

'오직'은 단정적인 표현을 할 때 자주 사용하는 부사다. 이 부사가 좋게 사용될 때가 있지만, 그렇지 않을 때도 있다. "혈육이라고는 '오직' 그 아이뿐이다." 혹은 "선생님의 가르침에 '오직' 감사할 뿐이다."는 '오직'이 좋게 쓰이는 경우다. 그러나 한국 기독교가 자주 사용하는 '오직 예수', '오직 교회', '오직 성서', '오직 믿음'은 그렇지 않은 경우다.

'오직 예수'와 '오직 교회'를 외치면, 다른 종교에는 구원이 없고 오직 기독교에만 구원이 있다는 말이 되는데, 이것은 오늘과 같은 종교다원주의 시대에는 아주 편협한 말이다. 각 종교마다 구원관이 있는데, 자기가 믿는 종교에만 구원이 있다고 말하는 것은 아주 편협하고 경직된 사람만이 할 수 있는 말이다. 마음이 열린 사람은 이런 말을 할 수 없다.

'오직 성서'도 마찬가지다. 지식 정보화시대인 21세기에 오직 성서만을 읽고 정상적인 삶을 살 수 있겠는가? 성서만 읽으면 오히려 돌아버린다는 말이 있다. 성서는 이 세상의 모든 진리를 다 말해주는 책이 아니다. 기독교라는 특정 종교의 경전일 뿐이다. 사람이 경전만 읽고서 어떻게 이 세상을 제대로 살아갈 수 있겠는가? 제대로 살아가려면, 경전뿐만 아니라 인문사회과학 서적, 자연과학 서적, 자기계발 서적, 기술 서적, 전문 서적 등 여러 서적들을 다양하게 읽어야 한다.

'오직 믿음'도 마찬가지다. 한국 교회 목회자들의 대부분이 행위로 구원을 받는 것이 아니라 오직 믿음으로 구원을 받는다는 교리를 가르친다. 과연 이 교리가 성서적으로 합당한 것인지 묻지 않을 수 없다. 성서적인 면에서 이 교리는 받아들이기 어렵다. 신약성서 야고보서에는 오히려 '오직 믿음'을 부정하는 내용이 나온다.

> 야고보서 2:22: "여러분이 본 대로 믿음이 그의 행함과 함께 일하고 행함으로 믿음이 완전하게 된 것입니다."
> 야고보서 2:24: "여러분이 아는 대로 사람이 행함으로 의롭게 되는 것이지 오직 믿음만으로 되는 것이 아닙니다."

이 두 구절은 성서의 말씀이 아닌가? 그리고 신약성서 베드로후서 1장 5-7절에서는 한국 교회 목회자들이 그렇게도 싫어하는 '믿음+행위'가 구원의 조건으로 제시된다.

> "믿음에 덕을, 덕에 지식을, 지식에 절제를, 절제에 인내를, 인내에 경건을, 경건에 형제애를, 형제애에 하나님의 사랑을 더하도

록 하시오."

예수도 '오직 믿음'을 말한 적이 없다. 그는 그 유명한 산상설교의 결론부에서 "나더러 '주여, 주여' 하는 자마다 하늘나라에 들어가는 것이 아니라 하늘에 계신 내 아버지의 뜻을 행하는 자라야 들어갈 것이다."라고 말했다.

사실 '오직 믿음' 교리의 근원인 바울서신들에도 이러한 표현이 한 번도 나오지 않는다. 바울신학을 이렇게 해석한 것뿐이다. 설령 바울이 이렇게 말했더라도 바울서신만 성서가 아니지 않은가? 복음서와 야고보서와 베드로후서도 성서다.

성서는 정말 무결하게 통일적인 교리를 제시하는 책이 아니다. 성서는 여러 저자들이 상이한 신학적 관점에 따라 쓴 여러 문헌들을 선별해서 모아 놓은 선집이다. 따라서 우리는 성서도 '부분에서 전체로, 전체에서 부분으로' 순환하는 독서법으로 읽어야 한다. 이렇게 할 때 무지한 자의 특권인 절대적 확신에서 벗어날 수 있다.

'오직 믿음' 교리도 우상에 속한다. 베이컨의 4대 우상론에 비추어 보면, 이 교리는 '동굴의 우상'과 '극장의 우상'에 속한다. 불교식으로 말하면, 이 교리는 법집法執에 해당한다. 법집으로는 구원에 이를 수 없다. 따라서 한국 교회가 진정한 구원의 종교가 되려면, 이 '오직 믿음'의 우상에서 벗어나야 한다. 루터가 '오직 믿음' 교리로 종교개혁을 했다면, 한국 교회는 거꾸로 이 교리에서 벗어나야 다시 종교개혁을 할 수 있다. 왜냐하면 한국 교회는 이 교리로 여러 부작용을 낳았기 때문이다. 이 교리로 인해 한국 교회는 오직 교회에만 구원이 있다는 배타성을 갖게 되었고, 윤리적 행위를 등한시하는 결과를 초래했다. 한국 기독교인들은 구약성서 전도서에 나오는 다음 구절도 잊지 말아야 한다.

"하나를 붙잡되, 다른 것도 놓치지 않는 것이 좋다. 하나님을 두려워하는 사람들은 극단을 피한다." (7:18)

3. 동중서董仲舒와 바울의 이데올로기

동중서는 한 무제 시대의 유학자로 유가儒家 사상을 국교이자 정치 철학의 토대로 삼는 데 크게 이바지한 철학자다. 그는 무제의 정치적 권한을 강화하려고 유가 사상을 교묘하게 재해석해서 정치 이데올로기로 만든 인물이다. 예를 들면, 『논어論語』「안연편顔淵篇」에 나오는 "君君 臣臣 父父 子子"를 "임금은 임금다워야 하고, 신하는 신하다워야 하며…"로 해석한 맹자와 달리 동중서는 "임금은 임금이고, 신하는 신하이며…"로 재해석했다. 다시 말해서 그는 임금이 임금답지 못하면 임금을 바꿔야 한다는 맹자의 역성혁명론易姓革命論에 반대해, 임금의 절대 권력을 위해 공자孔子의 어록을 악마적으로 재편집한 것이다.

이렇게 해서 동중서는 '임금은 신하의 근본, 부모는 자식의 근본, 남편은 부인의 근본'을 뜻하는 세 덕목인 삼강三綱을 만들어냈다. 그리고 황제를 정점으로 모든 것을 하나로 통일하려는 이론적 근거로 이른바 '대일통론大一統論'을 제시했다. 이 사상의 핵심은 다음과 같다.

"천자天子는 하늘에게서 명을 받았다. 그렇기 때문에 제후諸侯는 천자에게서 명을 받아야 한다. 또한 신하는 통치자에게서 명을 받아야 한다. 이와 마찬가지로 아들은 아버지에게서 명을 받아야 하고, 아내는 남편에게서 명을 받아야 한다. 따라서 명을 받고 위를 섬기는 자들이 실제적으로 섬기는 것은 하늘이다."

바울은 기독교의 제2 창시자로 불릴 정도로 초기 기독교의 발전에 큰 영향을 끼친 신학자다. 그는 단지 이론 신학자에 머물지 않고 초기 기독교를 확장하려 여러 교회를 개척할 정도로 선교에 관심이 많았고, 교회 정치가의 수완을 능숙하게 발휘한 인물이다. 교회 정치가로서의 바울을 위에서 언급한 동중서와 비교해 보면, 몇 가지 유사점을 발견할 수 있다.

바울은 갈라디아서 3장 28절에서 이렇게 말한다.

"유대 사람도 그리스 사람도 없으며, 종도 자유인도 없으며, 남자와 여자도 없습니다. 여러분 모두가 그리스도 예수 안에서 하나이기 때문입니다."

그런데 고린도전서 11장 3절에서는 놀랍게도 이와 정반대로 말한다.

"모든 남자의 머리는 그리스도요, 여자의 머리는 남자요, 그리스
도의 머리는 하나님이십니다."

갈라디아서에서 성평등을 주창한 사람이 여기서는 성차별주의
자의 모습을 보이는 것이다. 이것은 교회 정치가인 바울의 교묘한
현실적 타협에 기인한다. 당시 헬레니즘 세계는 남녀 간에 엄격한
차별을 두는 가부장적 사회였다. 이런 사회에서 교회가 성평등을
강하게 주장한다면, 교회 밖의 세상은 교회를 매우 위험한 급진적
단체로 간주했을 것이고, 이는 선교에 막대한 지장을 초래할 수밖
에 없었을 것이다. 바울은 이것을 염려해서 교회 밖의 세상과 타협
하는 술책으로 고린도전서 11장 3절을 쓴 것이다.

지금까지의 고찰을 통해 동중서와 바울의 세 가지 유사점을 발
견할 수 있다.

첫째, 동중서가 국가 정치 이데올로기를 위해 악마적 편집을 한
것처럼, 바울은 교회 정치 이데올로기를 위해 악마적 편집을 했다.

둘째, 동중서가 남편을 부인의 근본이라고 했듯이, 바울은 남자
를 여자의 머리라고 했다.

셋째, 동중서가 남편과 아내의 위계질서를 하늘과 연관지은 것
처럼, 바울은 남자와 여자의 위계질서를 하나님과 연관지었다.

동중서와 바울은 둘 다 정치 이데올로기를 만들어내는 데 뛰어

난 재능을 발휘한 사람들이다. 전자는 국가 정치 이데올로기 주창자로서, 후자는 교회 정치 이데올로기 주창자로서 활동한 것이다. 위에서 본 고린도전서 11장 3절은 교회 정치가인 바울의 교회 이데올로기가 들어있는 구절이다. 따라서 고린도전서 11장 3절 같은 구절은 하나님의 말씀으로 읽어서는 안된다. 아무리 바울이 사도였고 그의 서신들이 성경에 있더라도, 바울의 말을 무조건 받아들여서는 안 되는 것이다. 고대 교회의 최고 교부였던 어거스틴이 성서 텍스트도 인간의 여타 텍스트와 마찬가지로 기호론적 체계 안에서 해석해야 한다고 말한 것을 잊지 말아야 한다. 바울의 글도 동중서의 글과 마찬가지로 '내용 비평'을 하면서 읽어야 하는 것이다. 그럴 때 맹신에 빠지지 않고 건전한 신앙인으로 살아갈 수 있다.

4. 내세관에 꺼들리지 말라

어느 기독교 목회자에게 교인이 질문했다고 한다. "천국이 있는 게 맞나요, 극락이 있는 게 맞나요?" 이에 목회자는 이렇게 답변했다. "성서가 전해주는 내세관만이 확실한 진리이기 때문에 오직 천국만이 있을 뿐입니다." 교인이나 목회자나 우문에 우답이다.

이 세상에 확실한 내세관이 있는가? 종말론은 희망에 관한 이론이다. 기독교인은 천국을 희망하는 것이고, 불교인은 극락을 희망하는 것이다. 희망은 우리의 생각과 마음속에 있을 뿐이다. 객관적으로 존재하는 실체가 아니다.

사실 붓다는 내세관과 같은 형이상학적 문제에 대해서는 아예 입을 다문 사람이다. 그는 판타지를 벗어나 철저히 현실 관찰에 몰두했던 사람이다. 그러나 후대에 불교가 대중화되는 과정에서 극락 관념이 들어오게 되었다. 하지만 다음에 나오는 승려 성철의 생사관이 대중 불교의 생사관보다 붓다의 사상에 더 충실한 것으로 보인다.

"생사生死란 모를 때는 생사입니다. 눈을 감고 나면 캄캄하듯이, 하지만 알고 보면, 눈을 뜨면 광명입니다. 생사라 하지만 본래 생사란 없습니다. 생사 이대로가 열반이고, 이대로가 해탈입니다. 일체만법一切萬法에 해탈 아닌 것이 없습니다. 윤회를 이야기하는데 윤회라는 것도 눈 감고 하는 소리입니다. 사실 눈을 뜨고보면 자유만 있을 뿐이지 윤회는 없습니다.… 현실을 바로만 보면, 마음이 눈만 뜨면 지상이 극락입니다. 이 현실 그대로가!…거듭 말하지만, 내가 볼 때는 전생前生도 없고 내생來生도 없고,항상 금생今生뿐입니다."(퇴옹 성철, 『자기를 바로 봅시다』, 장경각, 2014)

불교에 비해 기독교는 종말론적 종교다. 초기 교회는 종말론적공동체로 시작했다. 그러나 성서도 내세관에 대해 완벽한 설명을해주지 못한다. 성서의 내세관에는 각 저자의 종말론적 사변이 들어있는데, 이 사변들은 통일된 모습을 보여주지 못할 뿐만 아니라,그 자체로도 완벽한 체계를 갖추고 있지 않다. 예를 들면, 구약에는천국과 지옥 관념이 없고 오직 죽은 자들이 간다는 '스올'이라는 지하세계 관념만 있다. 신약은 이와 달리 내세관과 관련해서 천국, 지옥, 음부라는 세 용어를 사용하는데, 신약의 저자들은 특히 지옥과음부와 관련해 각기 저마다 같거나 다른 의미로 사용한다. 다시 말해서, 신약의 내세관 관념들은 통일된 교리가 아니라 다양하고 복잡하게 전개되었다. 그래서 성서에 실린 예수의 이 말씀이 더욱 빛나는 것이다.

"천국은 눈에 보이게 오는 것이 아니다. 또 '여기 있다' '저기 있다'고도 말할 수 없다. 보라, 천국은 너희 안에 있다."

사후의 생에 대한 물음에 대해 어느 현인이 다음과 같이 말했다고 한다.

"시간 낭비하지 말라. 네가 숨이 멎어 무덤 속에 들어가거든 그때 다시 실컷 죽음에 대해 생각해보라. 왜 지금 삶을 제쳐두고 죽음에 신경을 쓰는가. 일어날 것은 어차피 일어나게 마련이다."

공자도 죽음에 대해 묻는 제자에게 "삶도 잘 모르는데 어찌 죽음을 알겠느냐?"고 대답했다. 종말론적 사변이 많이 들어있는 성서에서도 구약 전도서는 이런 내용을 전한다.

"모두 흙에서 나와서, 흙으로 돌아간다. 사람의 영은 위로 올라가고 짐승의 영은 아래 땅으로 내려간다고 하지만, 누가 그것을 알겠는가?' 그리하여 나는 사람에게는 자기가 하는 일에서 보람을 느끼는 것보다 더 좋은 것은 없다는 것을 알았다. 그것은 곧 그가 받은 몫이기 때문이다. 사람이 죽은 다음에, 그에게 일어날 일들을 누가 그를 데리고 다니며 보여 주겠는가?" (3:20-22)

더 이상 내세 문제에 꺼들리지 말자. 죽음보다 삶을 더 생각하고, 삶을 더 많이 배우도록 노력하자. 그렇다고 해서 '죽으면 모든 것이 끝'이라는 단정적인 표현을 쓰는 것은 바람직하지 않다. 죽음 이후에 대해서는 '모른다'가 제일 좋은 표현이다. 공자의 말이 떠오른다.

"한번 죽으면 모든 것이 완전히 끝이라고 여김은 어질지 못하기 때문에 행할 수 없고, 죽었는데도 살아있다고 여김은 지혜롭지 못하기 때문에 행할 수 없다."

5. 경박하게, 만들어진 신

『만들어진 신神』은 영국의 진화 생물학자인 리처드 도킨스Richard Dawkins의 책이다. 원제는 『The God Delusion(신이라는 망상)』이다. 신은 인간 망상의 산물일 뿐, 실제로는 없다는 것이다. 도킨스는 과학적 실증주의 숭배자다. 그는 과학이 세계를 이해하는 유일한 도구라고 생각한다. 세계의 모든 문제는 과학으로 설명될 수 있고, 설명되어야 한다고 주장한다. 과학으로 증명되지 않는다면 신은 없는 것이라고 한다. 그래서 그는 신을 믿는 사람을 반계몽주의적이고 미신적인 반동주의자라고 말한다.

정말 그런가? 과학이 세계를 이해하는 유일한 도구인가? 이건 과학자의 말이라기보다는 어느 종교 맹신자의 말처럼 들린다. 과학적 지식도 절대적일 수 없다는 것은 많은 과학자가 인정하는 사실이다. 도킨스와 같은 영국의 진화 생물학자였다가 기독교를 접하고 세계적인 신학자가 된 앨리스터 맥그래스Alister E. McGrath는, 과학의 한계를 인정하지 않고 과학으로 모든 것을 해결하려는 시도는 과학 제국주의와 같다고 날카롭게 지적한다. 신은 과학의 증명 대상이 아니다. 신앙인에게 신은 증명되는 존재가 아니라 체험되는 존재다. 그래서 인간은 신앙으로써만 신을 알 수 있다고 하는 것이다.

물론 신은 증명할 수 없으니 인간이 상상으로 만들어낸 관념이라고 할 수 있다. 허구일 수 있다. 그러나 인간은 허구 없이 살 수 없는 존재가 아닌가. 『사피엔스(Sapiens:A Brief History of Humankind)』의 저자 유발 하라리Yuval Harari는 인류의 진화 역사에서 호모 사피엔스 종만이 다른 종들을 물리치고 살아남은 이유가 허구를 말하고 믿는 능력 때문이었다고 하지 않았던가. 신과 종교만 허구인가. 문학, 드라마, 영화, 역사, 법, 정치, 희망, 사랑 등도 허구가 아닌가. 허구에 대해서는 김영민 교수가 잘 설명해준다.

"허구는 사실이 아니지만, 그렇다고 단순한 거짓말이나 궤변에 불과한 것도 아니다. 허구는 삶의 필요가 요청한 믿음의 대상이다. 허구를 즐기려면 허구를 믿어야 한다. 소설이나 영화와 같은 픽션도 그렇지 않던가. 보고 읽으며 울고 웃으려면 그 이야기의 진위를 따져 묻기를 그만두고 일단 이야기의 전개를 받아들여야 한다. 그 이야기의 세계를 '마치 그러한 것처럼' 받아들이고 그 속을 유영遊泳해야 그 허구를 즐길 수 있다. 허구를 믿고 즐기는 것이야말로 허구와 더불어 살 수 있는 첫 번째 방법이다."
("허구와 함께 살아가는 법"「중앙일보」 2020년 6월 25일자)

이렇게 생각하면 허구라 할지라도 신을 믿을 수 있다. 신을 믿는다는 것은 어떤 사실을 믿는 것과는 차원이 다른 얘기다. 신학자 폴 틸리히Paul Tillich는 '신 너머의 신'이라는 표현을 사용한다. 신은 존재가 아니라 존재 자체이며, 이것을 가리키는 상징으로 '신God'이라는 말을 사용한다는 것이다.

동양인은 예부터 존재의 근원인 신을 가리키는 상징으로 '하늘'이라는 말을 자주 사용해왔다. 중국의 석학으로 불리는 철학자 풍우란馮友蘭에 따르면, 중국 문자 가운데 '하늘'이라는 말에는 다섯 가지 의미가 있다.

첫째, 물질지천物質之天: 땅과 상대적인 하늘을 말한다.

둘째, 주재지천主宰之天: 소위 '상제上帝'로서 인격적인 하늘을 말한다.

셋째, 운명지천運命之天: 어찌할 도리가 없을 때 쓰는 말로, '성공 여부는 하늘에 달려있다'고 할 때 나오는 하늘을 말한다.

넷째, 자연지천自然之天: 자연의 운행을 지칭하는 말이다.

다섯째, 의리지천義理之天: 우주의 최고 원리를 지칭하는 것으로, 『중용中庸』의 "하늘이 부여한 것이 성性이다."라는 문장에 나오는 하늘을 말한다.

풍우란은 이렇게 '하늘'의 의미를 다섯 가지로 분류하면서, 『시詩』, 『서書』, 『좌전左傳』, 『국어國語』에 나오는 '하늘'은 물질지천을 지칭한 것 외에 모두 주재지천을 지칭한 것으로 보며, 『논어』에서 공자가 말한 '하늘'을 모두 주재지천으로 이해한다.

동서양을 막론하고 인간은 예부터 지금까지 종교성을 지닌 여러 상징을 사용해왔다. 인간은 허구와 마찬가지로 상징 없이도 살수 없다. 도킨스의 신에 관한 담론은 너무 단정적이고 경박하다. 이 것은 또 하나의 새로운 무신론 종교운동이다. 도킨스처럼 인격적인 주재자로서의 신을 믿지 않으면서도 다음과 같이 말하는 최진석 교수의 시선이 도킨스의 시선보다 더 높고 교양 있어 보인다.

"인간이 신을 만들어낸 것은 위대한 사건이다. 이것은 인간이 점점 위대해지는 과정에 있다는 것을 의미한다. 이 과정에서 인간은 자신을 그냥 개별적으로 있는 존재로 보지 않고 신과 연결된 존재로 본다. 다시 말해서, 인간은 자기 존재의 근거로서 이 우주의 가장 궁극적이고 보편적인 존재를 만들어서, 이 존재와 자기를 연결하면서 자기 존재의 의미를 무한대까지 끌어올리는 도전을 할 수 있는 존재다. 이런 인간은 자기가 함부로 살지 않겠다고 스스로 약속하는 절차를 소중히 여긴다. 여기에 인간의 위대함이 있는 것이다." (〈장자莊子 강의〉 중에서)

6. 영성 없는 시장 종교

우리나라도 유럽처럼 탈종교화 시대로 접어드는 듯하다. 2015년 통계에 따르면, 우리나라의 무종교인이 전체 인구의 56퍼센트라고 한다. 종교사업이 아주 잘되는 나라로 알려진 우리나라도 이제는 무종교인이 종교인의 수보다 많아졌다는 얘기다.

왜 이렇게 무종교인이 점점 늘어나는가? 미국의 사회학자인 필주커만Phil Zukerman은 그의 저서 『종교 없는 삶(Living the Secular Life: New Answers to Old Questions)』에서 미국인들을 대상으로 무종교인이 늘어나는 이유를 연구한 결과를 내놓았다.

첫 번째 요인으로는 정치적이고 사회적인 문제다. 미국에서는 보수적인 정치권이 보수적인 기독교인들의 의제를 포용하고, 보수적인 기독교인들은 갈수록 보수적인 정당과 동맹 관계를 맺기 때문에, 정치적으로 온건하거나 진보적인 사람들은 보수적인 기독교를 피할 수밖에 없다는 것이다.

두 번째 요인으로는 가톨릭교회의 사제들이 아동들에게 성범죄를 저지른 행위에 대한 실망감과 이에 대한 반작용이다.

세 번째 요인으로는 여성 임금 노동력의 현저한 증가다. 직장 여성들이 늘어날수록 본인과 가족의 종교 참여율은 줄어드는 경향이 있다는 것이다.

네 번째 요인으로는 동성애 인정 문제다. 많은 미국인들은 각자가 믿는 종교권에서 게이와 레즈비언들을 강하게 비방하자 그 반작용으로 종교와 멀어지게 되었다는 것이다.

다섯 번째 요인으로는 인터넷의 편재다. 종교에 대한 비판과 조롱은 인터넷에 차고 넘친다. 이러한 현상이 종교인들의 개인적인 확신을 약화시키고 뒤흔들 수 있다는 것이다.

우리나라는 첫 번째와 다섯 번째에 해당되며, 더불어 성직자들의 세속화와 질적 저하 및 비윤리적 탈선, 헌금 강요와 기복신앙의 강조, 수준 이하의 설교, 종교인들의 삶에서 모범적인 면을 보기 어려운 점도 큰 요인으로 작용하는 듯하다.

현대인들은 종교 없이도 얼마든지 삶의 고난을 헤쳐 나갈 수 있고, 영성지능을 계발하며 윤리적으로 살 줄 안다. 주커먼 교수가 언급했듯이 "종교 없는 사람들은 신앙보다는 이성을, 기도보다는 행동을, 납득할 수 없는 확신보다는 실존적 모호성을, 권위에 대한 복종보다는 생각의 자유를, 초자연적인 것보다는 자연적인 것을, 신보다는 인류에 대한 희망을 더욱 가치 있게 여긴다."(필 주커번,『종교 없는 삶』, 박윤정 역, 판미동, 2018)

한국의 종교들, 특히 기독교와 불교가 유럽의 종교들처럼 쇠퇴와 소멸로 가지 않으려면, 이러한 현상을 직시하고 새롭게 탈바꿈

해야 된다. 종교를 영원한 것으로 착각하는 사람들이 있는데, 이것은 무지에서 비롯되는 큰 착각이다. 종교도 사람이 만든 것이기 때문에 변할 수밖에 없고, 또 변해야 한다, 한국의 기독교와 불교는 현대인들이 종교보다는 영성에 더 관심 있다는 것을 알아야 한다, 그리고 종교에 관심을 두는 경우에도 전통에서 벗어나 탈종교적인 종교를 새로이 세워가기를 원한다는 것도 알아야 한다. 현대인들은 도그마에 묶인 고리타분한 종교를 원하지 않는다. 제발 거듭나시라. 그저 복이나 빌어주고 돈이나 뜯어내는 시장 종교에서 벗어나시라. 종교학자 오강남 교수의 말을 빌자면, 표층종교에서 심층종교로 전환하시라. 그래야 한국의 기독교와 불교는 생명을 유지할수 있다.

7. 미신에는 성찰과 자각이 없다

우리나라에서는 무종교인이든 불교신자든 기독교신자든 자식의 대학문제나 결혼문제에 대한 답을 얻으려 점占집을 찾아가는 이들이 많다. 심지어 불교 승려들과 기독교 목사들 중에도 점집을 찾는 이들이 있다. 소위 지식인들 중에도 역술을 믿고 점을 좋아하는 이들이 있다. 정치인과 사업가 중에도 종교인, 무종교인 가릴 것 없이 점집에 가서 자기 운명에 대해 물어보는 이들이 많다. 대통령 후보자들 중에도 자기가 믿는 종교와 상관없이 당선을 위해 조상의 묘를 이장하는 이들이 있다. 아직도 이사를 언제 하는 것이 좋을지 날짜를 중시하는 사람들이 많다.

텔레비전 방송국은 노골적으로 역술인들을 예능 프로에 나오게 해서 역술도 철학이고 과학이라고 강변한다. 대학을 졸업한 여성들 대부분이 점치고 사주 보는 것을 좋아한다는 여론조사도 있다. 어느 유명 연예인은 용하다고 알려진 목사가 담임하는 교회를 다닌다. 고등교육을 받은 여성이 돌아가신 시어머니의 극락왕생을 위해, 절에 가서 수백만 원을 바치면서 천도재薦度齋를 지내는 경우도 있다.

한국 불교에는 미신과 연관된 의식이 너무 많다. 신중단神衆壇에 올리는 중단 불공, 산신단山神壇과 칠성단七星壇에 올리는 하단 불공,

지옥이나 아귀의 세계에서 고통받는 영혼을 구제하려 공양하는 우란분재盂蘭盆齋, 죽은 이의 명복을 빌어 죽은 날로부터 이레마다 일곱 번에 걸쳐 행하는 사십구재, 죽은 이의 명복을 빌기 위해 독경, 시식, 불공 등을 베푸는 천도재, 물과 육지에 떠도는 외로운 영혼을 구제하기 위해 불법을 설하고 음식을 베푸는 수륙재水陸齋, 살아있는 동안 미리 재를 올려 죽은 후 극락에 태어나기를 기원하는 예수재豫修齋 등이다.

조상에 드리는 제사를 중요하게 여기는 유교도 미신적으로 이해하는 사람들이 의외로 많다. 아직도 제사 음식을 죽은 혼령이 먹는다고 생각하는 사람들이 있다.

그러나 공자는 그의 제자 자로子路가 귀신 섬기는 일을 묻자 "사람도 제대로 섬기지 못하는데, 어떻게 귀신을 섬길 수 있겠는가?"라고 대답했다. 그는 당시의 미신을 철저히 불신했다. 그는 괴이한 것, 귀신과 같은 존재에는 관심을 두지 않았다.

유가에서 제례에 대해서 가장 합리적으로 정리를 잘해준 사람은 순자荀子다. 그에 따르면 제례의 본래 의미는 정감의 위안을 구하려는 것일 뿐이며 제사는 추모의 정이요, 예절과 격식의 일이다. 순자는 상례喪禮와 제례祭禮를 종교로 보지 않고, 시와 예술로 본다. 그는 "제사를 군자는 인간의 도리로 여기지만, 백성은 귀신의 일로 여긴다."고 말한다. 또 이런 말도 한다. "기우제는 무슨 효력을 얻을 수 있다고 생각해서 지낸 것이 아니라, 단지 형식을 갖추는 것뿐이다. 즉, 군자는 형식의 일로 여기고, 백성은 신령의 일로 여긴다." 풍우란은 이것을 이렇게 설명한다. "가뭄이 들어 기우제를 지냄은 단지 황급한 심정을 표현한 데 불과하고… 정중한 마음을 표현한 데 불과하다. 이것이 이른바 '형식'의 일로 여긴다는 것이다. 만약 신령의 일로 여기면, 반드시 미신에 빠지므로 흉하다."

『맹자孟子』에는 이런 말이 있다.

"천시불여지리天時不如地利 지리불여인화地利不如人和"

이 문장은 맹자의 제자들이 풍수와 사주 중 어느 것이 더 우수한가 논쟁할 때 맹자가 정리해준 말이다. 천시는 지리보다 못하고, 지리는 사람의 윤리, 사랑, 인화人和보다 못하다는 것이다. 다시 말해서 풍수와 사주보다 사람 사이의 윤리, 사랑, 인화가 더 중요하다는 것이다.

이런데도 우리나라에는 반과학적, 원시종교적인 심리가 만연하다. 부끄러운 줄도 모르고 인간의 길이 무엇인지, 인간의 도덕심이 무엇인지에 대한 성찰도 없이 미신에 빠져있다. 미신에는 깊은 의미의 도덕적 성찰과 자각이 없다.

8. 종교와 신앙의 차이

종교와 신앙은 서로 떨어질 수 없는 관계다. 신앙 없이 어떻게 종교가 가능하며, 종교 없이 어떻게 신앙생활을 할 수 있겠는가? 이 둘은 서로를 전제한다. 그러다보니 이 둘을 동일시하는 현상까지 나타나게 되었다.

그러나 엄밀히 고찰해 보면 '신앙'과 '종교'는 서로 구분이 필요한 개념이다. 이 두 개념을 구분하려면 조중걸의 설명을 참고할 필요가 있다. 그는 자신의 저서인 『죽음과 새로운 길: 종교적 키치, 예술적 키치, 그리고 구원』에서 이를 잘 설명해준다.

첫째, 종교는 공동체적 현상으로서 지적 탐구와 분석의 대상이며, 실증적인 것이다. 반면에 신앙은 무한자를 희구하는 인간의 심적 태도다.

둘째, 종교는 논리적이고 신학적인 공동체다. 그리고 종교는 사회적이고 규범적인 이론적 틀을 지니고 있기 때문에, 종종 강제력을 발휘한다. 하지만 신앙은 반드시 공동체적일 필요가 없으며, 외부의 강제력과도 아무 상관이 없다.

셋째, 신앙은 성스러운 대상을 전제한다. 종교도 물론 성스러운 대상을 전제한다. 하지만 신앙의 성스러움이 무조건적인 데 반해,

종교적 성스러움은 조건적이다. 왜냐하면 종교는 신이 기적을 통해 그의 성스러움을 드러낸다고 주장하기 때문이다.

넷째, 종교는 교권 계급이 독점하는 조직이지만, 신앙은 꼭 이러한 조직에 순응하는 행위가 아니다.

다섯째, 종교는 교리를 만들지만, 신앙은 교리를 중시하지 않는다.

여섯째, 종교는 진정한 신앙의 저급한 잔류물이다. 저급한 신앙은 현실적인 원망 충족을 종교로 끌어들인다. 이때 신앙은 거래의 형태를 띤다. 이것은 진정한 신앙이 아니라 주술에 불과하다.

일곱째, 종교 성직자들은 신과 인간 사이의 중재자 노릇을 자처함으로써 두 가지 이익을 얻는다. "하나는 권위와 오만의 충족이고 다른 하나는 물질적 번성이다." 이들은 영혼의 장사꾼이지 진정한 신앙인이라 할 수 없다.

여덟째, 기복적 종교는 신앙이라 할 수 없다. 기복적 종교의 신봉자들이 신을 회유하거나 강제해서 자기 의지를 관철할 수 있다고 믿는 것은 과학과 대립하는 우리 시대의 새로운 주술이다. 신앙은 주술이 아니다. 그것은 신과 우주의 비밀에 다가가려는 끊임없는 노력일 뿐이다.

신앙과 종교는 확실히 구분할 필요가 있다. 순수한 신앙은 있어도 순수한 종교는 없다. 종교는 태생적으로 순수하기 어렵다. 종교는 교권을 가진 사람들이 독점하는 체제이며, 경전과 교리도 종파의 이익을 위해 만들어진 것들이기 때문이다. 종교도 이권을 추구하는 단체다. 그렇기 때문에 순수하게 궁극적 실재와의 관계에서 이루어지는 자각과 변화의 체험을 중시하는 신앙인일수록 제도적인 종교에 순응하기가 어렵다. 이런 사람들은 굳이 제도적인 종교에 매일 필요가 없다. 제도적인 종교에 속하지 않더라도 얼마든지 개인적으로 영성생활을 하는 방법이 있다. 소속감이나 다른 사람들과 어울리는 것을 중시하거나 통속 신앙에 빠져있는 사람들은 종교에 속하기를 원하겠지만 말이다.

얼마 전에 유튜브를 통해 들은 어느 철학자의 말이 생각난다.

"저는 특정 종교에 너무 매몰되는 것을 반대하는 사람입니다. 건전한 종교면 괜찮은데, 일반적으로 종교는 내 신앙과 아집이 생기게 만들어요. 실제로 4대 성인은 그 시대의 종교를 거부하고 스스로 내면에서 영성을 찾으신 분들이었어요. 4대 성인들을 닮자는 거죠. 4대 성인을 '믿자' 그러면 종교가 펼쳐지고요, 4대 성인을 '닮자' 그러면 올바른 영성을 더 깊게 하는 생활이 가능하다고 봐요."

9. 만들어진 붓다와 만들어진 예수

불교인들은 붓다를 믿고, 기독교인들은 예수를 믿는다. 그러나 한국의 불교인들이 믿는 붓다는 역사적 붓다가 아니라 만들어진 붓다이고, 한국의 기독교인들이 믿는 예수는 역사적 예수가 아니라 만들어진 예수다. 여기서 역사적 붓다와 역사적 예수라 함은 이 땅에서 실제로 살았던 역사적 인물로서의 붓다와 예수를 말하는 것이고, 만들어진 붓다와 만들어진 예수라 함은 두 종교에서 이들을 신격화해서 환상적으로 만들어낸 붓다와 예수를 말하는 것이다.

두 종교의 신도들이 제대로 된 신행(신앙) 생활을 하려면 무엇보다도 만들어진 붓다와 예수에서 벗어나 역사적 붓다와 예수로 돌아가야 한다. 영성은 환상에 있는 것이 아니라 현실을 정확히 보는 데 있기 때문이다. 환상에 빠지면 영성은 대개 사이비가 된다.

그러면 이 두 인물이 어떻게 신격화되었는지 간단히 살펴보자.

초기 불교와 부파불교에서 붓다는 역사적 존재인 석가모니 붓다를 의미하는 것이었다. 이때는 불상도 없었고, 붓다가 신앙의 대상이 아니었다. 오직 그의 가르침이 중시되었다. 깨달음을 얻으려 선정禪定에 일생을 바친 출가수행자들은 붓다를 열반에 든 한 사람의 현자로 생각했다. 그러나 재가在家 신도들은 그들 가운데서 계속 구제활동을 하고, 미래를 예언하고, 기적을 행할 수 있는 초인적인 존재를 원했다. 그래서 초기 불교 시대부터 붓다는 신체적으로는 32상相과 80종호種好를 갖추고 있고, 정신적으로는 18불공법不共法을 갖춘 초인적 힘을 지닌 존재로 신격화되었다.

대승불교에 와서는 더 초월적인 붓다관으로 바뀐다. 여기서는 우주 도처에 있는 수많은 붓다들을 상정하는데, 이들은 모두 역사적 붓다를 초월해서 무한한 광명과 무한한 수명을 갖고 불가사의한 신통력을 지닌 존재로서의 붓다들이다. 이후 대승불교는 붓다의 삼신설三身說을 전개하는데, 이른바 법신불法身佛, 보신불報身佛, 응신불應身佛이다. 법신불은 진리 그 자체, 진리를 있는 그대로 드러내는 우주 그 자체를 부처로 만든 것으로, 비로자나불毘盧遮那佛과 대일여래大日如來가 이에 해당한다. 보신불은 중생을 위해 서원을 세우고 수행해서 깨달음을 이룬 부처로 아미타불阿彌陀佛과 약사여래藥師如來가 이에 해당한다. 응신불은 중생과 같은 몸으로 이 세상에 출현해 설법하여 구제하는 부처로서 석가모니불, 석가모니 이전에 출현했다는 과거불, 미래에 도솔천에서 이 세상에 내려와 성불한다는 미륵불이 이에 해당한다. 이렇게 붓다는 단지 깨달음을 이룬 현자가 아니라 신앙과 예배의 대상이 되는 신적 존재로 바뀌고, 신상 만들기를 좋아한 간다라 지방의 그리스인 불자들에 의해 불상으로 만들어진다.

예수도 기독교의 대중화 과정에서 신격화되었다. 본래 예수는 자신을 신앙의 대상으로 믿으라고 한 적도 없고, 자기를 하나님이라고 한 적도 없다. 그는 하나님 나라 운동을 하는 가운데 하나님을 잘 믿을 것을 가르친 사람이다. 그런데 예수의 제자들이 예수 운동을 종교화하는 과정에서 그를 신격화해서 하나님, 또는 하나님이 인간의 몸으로 이 세상에 오신 분이라는 교리를 만들어 낸 것이다.

현재 한국의 불교와 기독교에서 믿는 붓다와 예수는 이렇게 신격화되어 예배의 대상으로 만들어진 붓다와 예수를 믿는 것이다. 그러나 역사적 붓다와 예수는 자신들을 신적 존재로 믿으라고 가르친 적이 없다. 오히려 붓다는 자신도 믿지 말고 오직 자신과 그가 가르친 법만을 의지하라고 가르친 사람이다. 예수는 자신을 하나님으로 믿으라고 가르친 분이 아니라, 오직 하나님만을 예배하고 그분께 철저히 순종하는 삶을 살 것을 가르친 사람이다.

이제 우리에겐 두 사람을 바로 보아야 하는 과제가 있다. 두 사람의 부풀려진 신성이 아니라 오히려 참 인간의 모습으로 이들을 보아야 한다. 이들의 능력에 대한 과장된 이야기와 이들을 둘러싼 고대의 신화가 아닌, 이들의 삶의 능력과 자비와 사랑의 감화력을 보아야 한다. 이들에 대한 광신과 맹신을 중단해야 한다. 그래야 한국의 불교와 기독교는 참 종교의 모습을 지니게 될 것이다. 불교는 본래대로 깨달음을 추구하는 수행의 종교로 돌아가고, 기독교는 예수에 대한 믿음에서 예수의 믿음으로, 그리스도 중심에서 하나님 중심의 기독교로 변모해야 한다.

10. 일단 똑바로 살아라

제도적인 종교들은 제의를 중요시한다. 한국 개신교의 경우 구원과 복을 받으려면 주일성수하고, 제물을 잘 바치고, 기도를 열심히 해야 한다고 가르친다. 한국 불교의 경우도 예불, 재물 공양, 기도를 강조하는 점에서는 기독교와 크게 다를 바 없다.

그러나 기독교와 불교의 경전에는 윤리를 등한시하고 제의에 더 중점을 두는 경향에 대해 비판하는 내용이 나온다.

먼저 구약성서 이사야 1장 10-17절에서는 다음 내용을 볼 수 있다.

"너희 소돔의 통치자들아! 주님의 말씀을 들어라. 너희 고모라의 백성아! 우리 하나님의 법에 귀를 기울여라. 주님께서 말씀하신다.

'무엇 하러 나에게 이 많은 제물을 바치느냐? 나는 이제 숫양의 번제물과 살진 짐승의 기름기가 지겹고, 나는 이제 수송아지와 어린 양과 숫염소의 피도 싫다. 너희가 나의 앞에 보이려 오지만, 누가 너희에게 그것을 요구하였느냐? 나의 뜰만 밟을 뿐이다! 다시는 헛된 제물을 가져오지 말아라. 다 쓸모없는 것들이다. 분향하는 것도 나에게는 역겹고, 초하루와 안식일과 대회로 모이는 것도 참을 수 없으며, 거룩한 집회를 열어 놓고 못된 짓도 함께 하는 것을, 내가 더 이상 견딜 수 없다. 나는 정말로 너희의 초하루 행사와 정한 절기들이 싫다. 그것들은 오히려 나에게 짐이 될 뿐이다. 그것들을 짊어지기에는 내가 너무 지쳤다. 너희가 팔을 벌리고 기도한다 하더라도, 나는 거들떠보지도 않겠다. 너희가 아무리 많이 기도를 한다 하여도 나는 듣지 않겠다. 너희의 손에는 피가 가득하다. 너희는 씻어라. 스스로 정결하게 하여라. 내가 보는 앞에서 너희의 악한 행실을 버려라. 악한 일을 그치고, 옳은 일을 하는 것을 배워라. 정의를 찾아라. 억압받는 사람을 도와주어라. 고아의 송사를 변호해주고 과부의 송사를 변론해주어라.'"

하나님은 대부분의 교회에서 강조하는 무조건적인 제의를 중요시하는 분이 아니다. 하나님은 헛된 제물을 가져오지 말라고 하고, 못된 짓 하면서 집회와 절기 지키는 것에만 신경 쓰는 것을 싫어하고, 아무리 많이 기도를 한다 하여도 듣지 않겠다고 하는 분으로 나타난다. 하나님은 우리 스스로 정결하게 하는 것, 악한 일을 그치고 옳은 일을 하는 것을 더 원한다고 한다.

불교의 『유마경維摩經』 제13장에서도 대부분의 절에서 강조하는 것과 달리 재물공양과 불탑신앙에 대해서 비판하는 내용을 볼 수 있다.

"'이들 여래如來를 향해 만약 누군가 한 사람이 한 겁 혹은 그 이상의 긴 세월 동안 계속 그를 공경하고 찬탄하며 온갖 공을 물과 일용품으로 극진히 섬겼다고 생각해보자. 그리고 아주 견고하여 쉽사리 무너지지 않는 불탑을 조성하였다고 생각해보자. 아울러 그와 같은 불탑을 여래의 수대로 완성해 놓고 한 겁劫 혹은 그 이상의 긴 세월에 걸쳐 꽃과 향과 깃발과 리본으로 그 모두를 공양하며 북과 바라를 울리어 예배를 올렸다고 생각해 보자.

제석천帝釋天이여, 그대의 생각은 어떤가? 이 사람은 과연 그러한 일에 의해 얼마만한 공적을 쌓겠는가?'

제석천이 답했다.

'세존世尊이시여, 선서善逝시여, 그 사람의 공덕은 이루 헤아릴 수가 없을 것입니다. 그 공덕의 크기는 설령 백천억 겁 동안 헤아린다 해도 미처 다 헤아릴 수가 없을 것입니다.'

세존께서 이르셨다.

'그대의 말이 옳다. 그러나 기억하라. 불가사不可思의 해탈을 가르치는 이 법문을 잘 간직하고 독송하며 이해하는 사람이 있다면 그의 공덕은 정작 앞의 사람보다 훨씬 큰 것임을. 왜냐하면

제불세존諸佛世尊의 깨달음이란 모두 이로부터 생겨난 것이며 여래에 대한 공양 역시 재물이 아닌 법法에 의해서만 가능하기 때문이다. …제석천이여, 그러하니 공양은 반드시 재물이 아닌 법으로 행하여야 마땅하리라. 아울러 재물에 의한 예경禮敬이 아니라 법에 의한 예경을 실천해야 하는 것이다.'"

여기서 놀라운 것은 '반드시'라는 부사를 넣으면서까지 재물 공양을 원천봉쇄하고 법공양을 실천해야 한다고 가르친다는 점이다.

그러나 제도적인 종교들은 경전에서 자신들을 비판하는 내용을 감추고 자신들의 제의 행사에 유리한 내용들만 골라서 가르쳐왔다. 이러니 제도적인 종교를 '사기꾼들의 동맹'이라고 신랄하게 비판한 토마스 홉스 같은 사람이 나오지 않겠는가. 신약성서 디모데전서 6장 5절이 가르쳐주는 바와 같이, 지성이 썩고 진리를 잃으면 경건을 이득의 수단으로 생각하게 된다.

11. 종교의 우주관을 믿는가?

　종교인들 중에는 자기가 믿는 종교의 경전에 나오는 우주관을 문자 그대로 믿는 사람들이 꽤나 있다. 학교에서 과학적 우주관을 배우지만, 이들은 과학적 우주관을 받아들이지 않는다. 오직 종교에서 말하는 우주관이 옳다고 강변한다. 종교의 위력은 참으로 대단한 것 같다. 아무리 종교가 중요하더라도 과학이 고도로 발달한 21세기에 사는 현대인이 과학적 진리까지 부정하면서 종교를 믿어야 하는 것인지 참으로 안타까운 일이다. 이러한 현상은 종교의 경전이 어떤 책인지에 대한 이해 부족에서 비롯된다. 불경이나 성서는 다 고대의 산물이다. 이때는 과학을 몰라서 우주의 현상을 신화적으로 이해하던 시대였다. 그러니 종교 경전의 저자들은 우주관을 신화적으로 진술할 수밖에 없었다. 그들은 과학을 몰랐던 사람들이다. 구체적으로 불교와 기독교에서 예를 들어 보겠다.

　불교에서는 세계 중앙에 거대한 수미산須彌山이 솟아있다고 한다. 이 산을 중심으로 네 개의 대륙과 아홉 개의 산이 있고, 산과 산 사이에는 여덟 개의 바다가 있다. 사대륙은 남쪽의 섬부주, 동쪽의 비제하주, 서쪽의 구타니주, 북쪽의 구로주로 나뉘는데, 이 중에 사람들이 사는 곳은 남쪽의 섬부주라고 하며, 섬부주에는 16대국과

500중국 그리고 10만 소국이 있다. 그리고 수미산 중턱에는 사천왕四天王이 거주하는 사왕천四王天이 있고, 그 정상에는 도리천이 있다. 도리천의 중앙에는 왕인 제석이 있고, 사방의 봉우리에는 각각 여덟 신神이 있으며, 제석은 서른두 천天과 수미산 중턱에 사는 사천왕을 통솔하면서 불법을 지킨다고 한다. 그리고 이 우주는 삼계三界인 욕계欲界, 색계色界, 무색계無色界로 이루어져 있는데, 욕계는 여섯 개의 천天으로, 색계는 열일곱 개의 천으로, 무색계는 네 개의 천으로 이루어졌다고 한다.

기독교의 우주관도 마찬가지로 신화적이다. 창세기 1장에는 하늘이 돔dome 모양으로 되어있고, 지구는 평평한 것으로 묘사되어 있다. 그리고 하늘 위에도 물이 있어서 하늘 문을 열면 비가 쏟아진다고 생각했다. 요한계시록에서는 하늘에 한 보좌가 있고 그 앞에는 유리바다가 있는 것으로 묘사된다. 이 보좌에 앉으신 이의 모양은 벽옥璧玉과 홍옥紅玉같이 보이고, 보좌 둘레에는 비취옥처럼 보이는 무지개가 있다고 한다. 그리고 이 보좌 둘레에는 스물네 좌석이 있고, 그 위에는 스물네 장로들이 흰옷을 입고 머리에는 금 면류관을 쓰고 앉아있다. 그리고 이 보좌 앞에는 수정과 같은 유리바다가 있고, 이 보좌 가운데와 그 주위에는 앞뒤에 눈으로 가득한 네 생물이 있다고 한다. 또한 요한계시록에는 지구가 정사각형으로 묘사되는데, 땅 네 모퉁이에 네 천사가 서서 우주의 네 바람을 붙잡는다고 한다. 또한 땅 아래 가장 깊은 곳에는 아비소스(무저갱)라는 곳이 있는데, 이 속에는 메뚜기들이 살고, 이곳을 열면 큰 용광로와 같은 연기가 올라온다고 한다.

　이러한 우주관을 현대인들이 문자 그대로 믿겠는가? 이는 과학을 몰랐던 고대 유대인들의 상상에서 나온 신화적 우주관이다. 종교적 우주관은 오늘날 현대인들이 믿을 수 없다. 이것들은 과학이 아니라 고대의 신화일 뿐이다. 비신화론화 또는 재신화론화를 하든지, 신화는 재해석되어야 한다. 종교 경전을 바로 이해하려면 믿을 수 있는 것과 믿을 수 없는 것을 가리는 분별력을 키워야 한다. 종교적 진리와 과학적 진리도 구분할 줄 알아야 한다. 종교적 진리는 삶의 의미를 확장하려는 것이지 과학적 진리를 말하는 것이 아니다. 독일의 신학자 클라우스 베르거에 따르면, 실재로 들어가는 데는 네 가지 문, 즉 학문적-과학적인 세계의 문, 지혜의 세계로 들어가는 문, 예술 세계의 문, 종교 세계의 문이 있다. 종교적 진리는 이 네 가지 문 중 하나일 뿐이지 이 세상의 모든 진리를 말하는 것이 아니다. 다시 말하지만, 종교의 우주관은 믿음의 대상이 아니다. 종교적 우주관에 대한 맹신도 미신의 한 종류다.

12. 최고의 종교는 있는가?

어느 불교 신자가 세계의 여러 종교 중에 불교가 최고의 종교라고 강변하는 것을 들은 적이 있다. 이 분은 불교가 가르치는 것과는 정반대로 동굴의 우상에 빠져있었다. 불교식으로 말하면, 이것도 법집에 속하는 것이다.

세상에 최고의 종교라는 것이 있을 수 있는가? 모든 종교는 각 시대 여러 지역의 문화, 기후, 민족적 정서, 관습 등에 따라 생긴 역사적, 문화적 산물이다. 종교도 문화적 현상이다. 문화적 현상에 최고가 있을 수 없다. 다양성이 있을 뿐이다. 자기가 믿는 종교가 최고의 종교라고 생각하는 분들에게는 다음 두 가지를 말해주고 싶다.

첫째는 종교학의 창시자인 막스 뮐러Max Mueller의 말이다.

"한 종교만 아는 사람은 아무 종교도 알지 못한다."

뮐러는 이 말을 통해 남의 종교를 알아야 내가 믿는 종교를 더욱 깊이 깨달을 수 있다는 것을 가르쳐 주었다. 다른 종교도 알아야 내가 믿는 종교를 절대적으로 맹신하는 동굴의 우상에 빠지지 않을 수 있다는 이야기다.

둘째는 레싱G. E. Lessing의 「현자 나탄(Nathan der Weise)」 이야기다. 이 이야기는 회교와 유대교와 기독교 가운데 어느 것이 참 종교인가 하는 문제와 관련해서 현자 나탄이 이에 대한 답변으로 '반지 비유 설화'를 들려주는 형식으로 되어있다.

"어느 집에 대대로 내려오는 보석 반지가 있었다. 그 반지를 가진 사람은 신과 인간의 사랑을 받게 된다고 해서 가장 사랑받는 아들이 상속받게 되어있었다. 어느 대에 이르러 아들 삼형제가 있었는데, 아버지는 아들이 모두 마음에 들고 사랑스러웠다. 어느 한 아들에게만 그 반지를 줄 수 없었던 아버지는 그 반지와 똑같은 모조품을 두 개 만들어 삼형제에게 각각 하나씩 주고 세상을 떠났다. 그러자 세 아들은 각기 자기가 진짜 반지를 상속받았다고 주장하였다. 그 반지들은 세 개가 똑같아 보였기 때문에 어떤 것이 진품인지 구별할 수 없었다. 마침내 삼형제는 재판관을 찾아갔고, 재판관은 다음과 같은 판결을 내렸다.
'세 개의 반지 가운데 어느 것이 진품인지는 알 수 없지만, 그것을 소유한 사람은 신과 인간에게 사랑을 받을 것이므로, 삼형제가 각각 노력해서 신과 인간에게 진실로 사랑을 받게 된다면 그것으로 증명될 것이다. 그러니 각자 행실로써 그 반지가 진품임을 증명한다면, 여러 대가 지난 뒤 나보다 더 현명한 재판관이 나와서 진실한 판결을 내릴 것이다.'"

이 이야기가 전하려는 메시지는 자기가 믿는 종교만 참 종교라고 주장할 것이 아니라, 자기의 종교가 실제로 신과 인간의 사랑을 받도록 노력하라는 것이다. 아무리 진짜 반지(진리)를 가졌다 해도 종교의 본질에 속하는 사랑을 실천하지 않으면, 그 진리와 종교가 무슨 소용 있느냐고 묻는 것이다. 종교의 질과 능력은 말로 결정되는 것이 아니라, 진리의 실천에 달려있다는 뜻이다.

13. 친절하라, 모든 존재에게

일요일 아파트 엘리베이터 안에서 성경책을 들고 교회에 가는 기독교인을 만났다. 내가 먼저 인사했는데도 그는 나의 인사를 받지 않고 무뚝뚝한 모습이었다. 다른 날에 만났을 때도 그는 여전히 똑같은 모습이었다. 이때 나는 신약성서에 여러 번 나오는 '친절'이라는 단어가 떠오르면서, 이웃에게 친절하지 않은 사람이 과연 그리스도인이라고 말할 수 있는가 하는 생각이 들었다.

신약성서에서 '친절'은 성령의 열매와 그리스도인의 새로운 생활 규범의 덕목으로 나타나는 매우 중요한 단어다.

> 갈라디아서 5:22: "성령의 열매는 사랑과… 친절과… 절제입니다."
> 에베소서 4:32: "서로 친절히 대하며, 불쌍히 여기며…"
> 골로새서 3:12: "그러므로 여러분은 하나님의 택하심을 입은 사랑 받는 거룩한 사람답게, … 친절함과… 오래 참음을 옷 입듯이 입으십시오."

그런데 여기서 그리스도인들이 주목해야 할 것은, 신약에서 '친절'이라는 헬라어 단어(명사로 '크레스토테스Chrestotes', 형용사로 '크레스토스Chrestos')는 인간에 대한 하나님의 은혜로운 행동을 말할 때 사용되는 단어와 같은 단어라는 점이다. 이것은 그리스도인들의 '친절' 행동의 근거가 인간에 대한 하나님의 은혜로운 행동에 있다는 것을 말하는 것이다. 다시 말해서 너는 하나님의 은혜를 받은 존재이니 다른 사람에게 은혜로운 행동을 하는 것은 마땅하다는 것이다. 따라서 그리스도인이 다른 사람에게 불친절한 행동을 하는 것은 하나님의 은혜에 대한 배은망덕이다.

승려 법정은 '친절'을 이 세상에서 가장 위대한 종교라고 극찬한 바 있다.

"이 세상에서 가장 위대한 종교가 있다면 그것은 친절이다. 이웃에 대한 따뜻한 배려다. 사람끼리는 더 말할 것도 없고, 이 세상을 함께 살아가는 모든 존재에 대해서 보다 따뜻하게 대할 수 있어야 한다. 이와 같은 친절과 따뜻한 보살핌이 진정한 '대한민국'을 이루고, 믿고 살 수 있는 세상을 만들 수 있을 것이다." (법정, 『아름다운 마무리』, 문학의 숲, 2008)

14. 표층종교와 심층종교

　표층종교와 심층종교, 이 두 용어는 종교학자 오강남 교수에 의해 유명해졌다. 표층종교는 나의 욕망을 충족하려 총력을 다 하는 종교다. 다시 말하면 이것은 지금의 내가 잘되려고 기복적으로 믿는 종교를 말한다. 이에 반해서 심층종교는 궁극적 실재와의 관계에서 이루어지는 자각과 변화의 체험, 그리고 이로 인한 참 해방과 자유를 목표로 하는 종교를 말한다.

　이 세상의 제도적인 종교들은 구조적으로 표층종교에서 벗어나기 어려운 취약점을 지녔다. 제도적인 종교들은 자신의 제도를 운용해야 하기에, 돈과 흥미 유발, 신도들의 숫자와 같은 사항들에 신경 쓰면서 사람들을 조직 속으로 끌어들여야 하기 때문이다. 그래서 일본의 승려 코이케 류노스케는 그의 저서 『화내지 않는 연습』에서 붓다가 말하는 법과 종교를 다음과 같이 구분한다.

　　"부처가 말하는 '도道'와 '법法'은 종교가 아니다. 도와 법의 관점에서 보면, 종교는 일종의 세속적 오락에 지나지 않는다.⋯ 종교는 영화나 소설, 게임, 음주 등과 비슷하다고 말할 수 있다." (코이케 류노스케, 『화내지 않는 연습』, 양영철 역, 21세기북스, 2011)

법륜도 붓다의 법과 종교로서의 불교를 구분해 설명하는 사람이다. 그는 표층종교의 현상을 다음과 같은 비유로 설명한다.

"돈을 빌렸으면 갚아야 된다. 그런데 피해 갈 방법이 없겠는가? 이게 종교다. 돈을 빌려도 안 갚아도 된다. 이것이 종교다. 복을 안 지어도, 저축을 안 해도 목돈을 받는다. 이것이 종교다. 이게 복 비는 것 아닌가? 이것이 일반적인 종교다. 죄를 지어놓고 벌을 안 받겠다고 하는 것이다. 복을 안 지어놓고 복 받겠다고, 달라고 하고 믿기만 하면 준다. 이게 종교인데, 이것은 허황된 소리다." (《즉문즉설》 중에서)

붓다와 예수는 이런 얘기를 한 사람들이 아니다. 그들은 심층종교와 관련 있지, 표층종교와는 관련이 없다. 붓다와 예수를 이용해서 장사하는 종교를 믿는 것은 참으로 어리석은 행위다.

이제 우리는 허황된 소리나 하는 표층종교에서 벗어나야 한다. 그러려면 우선 중요한 것은 자기가 믿는 종교의 경전을 공부하는 것이다. 한국의 기독교와 불교의 성직자들과 신자들이 경전을 잘 읽지 않는 것은 여론조사를 통해 널리 알려진 사실이다. 그러니 표층종교에 머무를 수밖에 없지 않은가? 종교인이 경전을 읽지 않으면 사상의 빈곤에 처하게 되고, 사상의 빈곤에 처하게 되면 미신과 기복신앙에 빠진다. 중국과 타이완의 불교 재가자들은 바로 이 경전 공부를 통해 그들의 불교를 심층종교의 방향으로 개혁할 수 있었다. 심층종교인이 되려면 경전 공부를 바탕으로 여러 수행법들을 통해 수행에 정진해야 한다. 경전 공부 없이 명상과 참선, 기도에만 몰두하면 건강하지 못한 신비주의에 빠지기 쉽다.

15. 유신론有神論의 효용 가치

새로운 무신론 운동이 선풍적인 인기를 끄는 중이다. '새로운 무신론'은 저널리스트 게리 울프Gary Wolf가 무신론을 설파하는 도서-샘 해리스Sam Harris의 『종교의 종말(The End of Faith)』, 리처드 도킨스의 『만들어진 신』, 대니얼 데닛Daniel Dannett의 『주문을 깨다 (Breaking the Spell: Religion as a Natural Phenomenon)』-에 등장하는 무신론에 대한 열광적 지지, 종교적 신념과 종교를 존중하는 문화적 풍토에 대한 가차 없는 비판을 지칭하려고 만든 용어다. 여기에 크리스토퍼 히친스Christopher Hitchens의 『신은 위대하지 않다 (God is not Great)』라는 책이 베스트셀러가 되자 이 네 명의 기수가 새로운 무신론 운동의 선봉장이 되었다.

그러나 학문적으로 볼 때, 이 네 권의 책은 논증이 허술하다. 이 책들은 공통적으로 신에 대한 믿음과 종교를 구분하지 못하고 있을 뿐만 아니라, 신학자 알리스터 맥그래스가 『신 없는 사람들(Why God Won't Go Away: Engaging with the New Atheism)』에서 지적한 바와 같이, "소란스러운 수사, 단편적인 사례에 대한 지나친 의존, 통속적인 편견과 분위기에 대한 감정적 호소에 기반을 두고 있을 뿐이다."(알리스터 맥그래스, 『신 없는 사람들』, 이철민 역, 한국기독학

경박하게 만들어진 신

생회출판부, 2012)

효용 가치 면에서 유신론과 무신론 중 어느 쪽이 더 우리에게 유익함을 주는지에 대해 논해보자.

첫째, 폭넓은 사고 면에서 유신론이 무신론보다 더 유익하다. 유신론은 가장 궁극적이고 보편적인 존재를 자기 존재의 근거로 설정하고, 자신을 이 존재와 연결하면서 자기 존재의 의미를 무한대까지 끌어올리는 믿음 체계다. 따라서 유신론자에게는 사고의 폭을 무한대까지 넓힐 수 있는 이점이 있다. 반면에 인간을 만물의 척도로 보는 무신론자는 이성 너머의 초월적인 세계를 인정하지 않기 때문에, 그만큼 사고의 폭이 좁아질 수밖에 없다.

둘째, 자유 면에서도 유신론이 무신론보다 더 이롭다. 흔히 무신론자는 유신론이 인간의 자유를 제한시키고 인간을 신의 노예로 만든다고 비판한다. 신에게서 벗어나는 것이 인간을 더 자유롭게 해주는 것이 아니냐고 항변한다. 그러나 이러한 입장은 자유에 대한 오해에서 기인한다. 자유에는 '무엇으로부터의 자유'만 있는 것이 아니라, '무엇으로의 자유'도 있다. "규칙이 자유다"라는 말이 후자에 속한다. 규칙 없이 자기가 하고 싶은 대로 살면 행복할 것 같지만, 반드시 그렇지 않다. 규칙 없는 삶은 자유가 아닌 방종의 삶이고 막 사는 것이다. 유신론자는 막 살지 않고 신의 질서에 맞추려고 노력하는 사람이다. 막 사는 사람이 자유인이 아니라, 질서를 따라 사는 사람이 자유인이다. 신약성서에 나오는 "진리가 너희를 자유하게 할 것이다"(요 8:32)라는 문장은 이런 맥락에서 이해할 수 있다.

셋째, 고급 즐거움 면에서도 유신론이 무신론보다 더 이롭다. 존 스튜어트 밀John Stuart Mill은 즐거움에도 질적 차이가 있다는 것을 지적했다. 즐거움을 고급 즐거움(철학 공부, 인간의 본성과 본질이 담겨있는 책 읽기, 클래식 음악 감상 등)과 저급 즐거움(밖에 나가 노는 것, PC방이나 노래방에 가는 것, 음주 등)으로 나눌 수 있다는 것이다. 물론 행복에는 저급 즐거움도 필요하다. 그러나 저급 즐거움은 가끔 필요하고, 되도록 고급 즐거움의 비중을 높일 때 더 행복하다는 것이다. 여기서 나는 우리의 주제와 관련해서 클래식 음악 감상에 주목한다. 음악을 신의 계시로 여기면서 온갖 고난을 딛고 환희의 세계로 나아가는 음악을 작곡한 유신론자 베토벤의 음악을 무신론자가 어떻게 이해할 수 있겠는가? 순수한 신앙심으로 〈아베 베룸 코르푸스Ave Verum Corpus〉와 같은 미사곡을 작곡한 모차르트, 슈베르트와 구노의 〈아베 마리아〉, 바흐도 마찬가지다. 이러한 고급 음악을 제대로 감상하는 데에는 유신론자가 무신론자보다 더 유리하다.

넷째, 삶의 고난을 극복하고 의미를 부여하는 데도 유신론이 무신론보다 더 이롭다. 이 부분은 그동안 인류 역사에서 많은 사람이 경험해 온 일이기 때문에 더 자세한 설명이 필요 없을 것이다.

이러한 이유로 나는 유신론을 선호한다. 앞서 말했듯이 신에 대한 믿음과 제도적인 종교는 같은 것이 아니다. 종교의 사기성과 폭력성에 대해서는 얼마든지 비판할 수 있다. 그러나 유신론까지 단정적으로 비난하는 것은 효용 가치 면에서도 별로 바람직하지 않다. 앞서 언급한 새로운 무신론 운동의 네 기수는 나에겐 오만과 편견이 가득한 사람들로 보인다.

16. '공空'이란 무엇인가

'공'은 대승불교에서 핵심이 되는 단어다. 이 단어의 뜻을 알면 불교를 다 이해했다고 할 정도로 '공'은 불교에서 매우 중요한 단어다. 그런데 이 '공'을 보통 사람들이 이해하기 어려운, 고차원적인 상태를 의미하는 것으로 생각하는 이들이 있다. 이 '공'을 기독교의 하나님처럼 존재를 떠받치는 궁극적 실재로 이해하는 사람들도 있다.

그러나 나는 철학자 최진석 교수가 말한 바와 같이 '공'을 '본무자성本無自性'의 기호로 본다. 불교는 이 세계가 인연으로 되어있다고 보기 때문에, 일체현상에는 본래 고정불변의 독자적인 본성인 '자성自性'이 없다고 가르친다. 바로 이 '본무자성'을 함축해서 한 글자로 표현한 말이 '공'이다. 따라서 '본무자성'을 잘 이해하면 '공'이 무엇인지를 알 수 있다.

승려 법상도 '공'의 의미를 이와 비슷하게 설명해준다.

"'공', '무아無我'라는 것은 '없다'라는 부정적인 개념이 아니라, '일체제법一切諸法이 연기緣起한다'는 사실을 다르게 표현하고 있는 것입니다. 연기이므로 공이고, 무아이며, 중도中道이고, 무분별인 것입니다.… 공의 모습이 바로 연기이고, 연기이기에 스스

로의 자성이 없어 무자성이라고 하는 것입니다." (법상, 『반야심
경과 마음공부』, 무한, 2008)

또한, 법륜은 〈반야심경 해설 강의〉에서 이 '공'의 실천적 의미를
아주 쉬운 예로 설명해준다.

매일 절에 가서 간절히 기도하는 한 노파가 있었다. 이 노파에
게는 매우 슬픈 사연이 있었다. 그녀가 시집을 가서 둘째 아이
를 임신했을 때, 6·25 전쟁이 발발했다. 남편이 애석하게도 이
전쟁터에 나갔다가 전사하는 바람에 졸지에 그녀는 20대 초반
에 청상과부가 되었다. 이 여인은 그 참혹한 전쟁의 혼란기에 피
눈물 나는 고생을 하면서 두 아이를 키웠다. 먹고사는 것이 너무
힘들어 죽고 싶을 때가 한두 번이 아니었다. 그러나 이 여인은
오직 관세음보살 신앙으로 기도하면서 버텼다.
다행히도 아들들이 공부를 잘해서 한국의 좋은 의대와 공대에
진학해 졸업을 한 뒤, 둘 다 국비 장학금으로 미국 유학을 갔다.
그 후 미국에서 각각 교수와 의사가 되었다. 그러다보니 이 노파
는 한국에서 혼자 살게 되었다. 자식들이 한국에서 혼자 사는 어
머니가 염려되어 미국에 와서 함께 살자고 간청했다. 이 여인은
고민 끝에 한국에 있는 재산을 다 정리하고 미국으로 갔다. 한국

을 떠날 때, 그녀는 한국에서의 고통스러운 삶이 끝나고 고통이 없는 새로운 세계로 간다는 마음으로 미국행 비행기를 탔다.

그런데 이 여인의 미국 생활은 생각했던 것과는 영 딴판, 그야말로 생지옥이었다. 그녀는 영어도 할 줄 모르고, 길도 모르고, 운전도 못하니 자기는 사람이 아니라 나무토막이라는 생각이 들었다. 너무 답답해서 도저히 살 수가 없었다. 가끔 자식들이 여기저기 구경도 시켜주고, 식당에서 외식도 하게 해주었지만, 이런 걸로 답답한 문제가 해결되지 않았다. 그러다보니 자식들이 외출하자고 해도 따라가기 싫어졌고, 결국 자식들끼리만 외출하는 형국이 되었다. 너무나 속상하고 살기 힘들어서 한국으로 가게 해달라고 해도, 자식들은 "어머니, 왜 그러십니까? 해드리는 밥 잘 드시고 편안히 주무시면서 잘 계시면 되지, 왜 다시 고생을 하려고 하십니까?"라고 말하면서 어머니의 부탁을 들어주지 않았다.

이런 와중에 미국에 한국 사찰이 생겨서 그녀는 다시 절에 열심히 다녔다. 그러나 기도만으로는 미국 생활의 괴로움이 해결되지 않았다. 그러다가 법륜을 만나게 되었고, 그에게 한국으로 가게 해달라고 부탁했다. 이때 법륜은 그녀에게 이렇게 말했다.

"보살님, 자업자득이라는 말 아시지요? 자업자득입니다. 보살님이 자초한 겁니다."

이 말에 여인은 동의할 수가 없었다. 자신이 무슨 잘못을 해서 이런 보응을 받느냐고 반문했다. 두 아들이 나쁜 자식들이지 자신이 자식들에게 무슨 잘못을 했느냐고 따졌다. 이에 법륜은 이렇게 말했다.

"보살님은 착합니다. 착한 건 좋지만, 보살님은 어리석습니다. 보살님은 두 아이만 잘 키우면 내가 나중에 편안하게 잘 살 거라고 생각을 하셨는데, 마치 주식투자를 하듯이 자식들에게 투자를 한 겁니다. 부모가 자식을 키우는데 투자하듯이 하는 것은 부모의 도리가 아닙니다. 왜 자식에게 바랍니까? 『금강경金剛經』을 많이 보신다는데, 거기에 '무주상보시無住相布施'라는 말이 나오지 않습니까? 베풀 때 아무런 대가를 바라지 말라는 겁니다. 대가를 바라게 되면 이렇게 미워하고 원망하는 마음이 일어납니다. 아들들에게 뭔가 기대를 했기 때문에 그것이 보살님 뜻대로 안되어서 괴로운 것입니다."

다시 이 여인은 반문했다. "그래, 내 잘못이라고 칩시다. 내가 자식들에게 기대했다고 칩시다. 하지만, 자식은 자식의 도리가 있지 않습니까?"

법륜이 대답했다. "이런 걸 따지면 한이 없습니다. 제가 봐도 보살님 자식들은 나쁜 놈들입니다. 자식이 부모에게 어떻게 그렇게 할 수가 있습니까? 그러니 오늘부터 이렇게 기도하십시오.

'저 자식은 내 자식이 아니다. 남이다.' 항상 절을 하면서 '저놈은 남이다. 남이다. 남이다.' 이렇게 기도하십시오."

한 달이 지난 후 그녀는 발길을 끊었던 그 절에 다시 찾아가 법륜을 만났다. 법륜이 물었다. "보살님, 그동안 왜 절에 안 오셨습니까? 매일 절에 와서 기도를 하셔야 되지 않습니까?" 이에 여인은 "부처님은 절에만 계시는가요? 제가 깨쳤습니다."라고 하면서 그동안의 자초지종을 얘기해주었다.

이 여인은 법륜에게서 '자업자득'이란 말과 '불교를 잘못 배웠다'는 얘기를 들었을 때, 너무 화가 치밀어 올랐다. 이런 소리를 듣는 것도 자식들 때문이라는 생각에, 자식들을 보기만 해도 눈에 불이 일어났다고 한다. 너무 화가 나서 어느 날 자기도 모르게 '저놈의 자식은 남이다. 남이 아니고서야 어떻게 저렇게 할 수가 있나?'라는 생각이 들었다. 이때 문을 열고 들어오는 자식을 보니까 자기 자식이 아니더라는 것이었다. 자식이 다른 사람으로 보이니까 화가 내려가더라는 것이었다. 그런데 다시 보니까 또 자기 자식이더라는 것이다.

이 여인은 자식이 남으로 보이는 그 순간 마음의 불이 내려가는 것을 체득한 것이다. 이후로 그녀의 삶은 크게 바뀌었다. 남은 자기에게 밥도 주지 않고, 용돈도 주지 않고, 재워주지도 않는데, 남이 이렇게 자기를 대접해주니 얼마나 고마운 일인가 하는 생각이 들었다. 모든 게 다 고마운 거였다. 생각이 바뀌니까 행동도 바뀌었다. 밥을 얻어먹었으니 설거지라도 해야겠다는 마음을 먹게 되었고, 방청소도 하고, 자식들이 용돈을 주면 진심으로 고맙다고 말할 수 있게 되었다. 그녀가 변하니까 이제는 자식들이 어머니를 서로 모시겠다고 나온다. 이 여인은 이제 마음의 괴로움에서 자유로워지는 해탈을 경험하게 된 것이다.

이렇게 '자식도 남이다'라는 생각의 전환과, 대가를 바라지 않고 자비를 베푸는 '무주상보시'를 법륜은 '공의 도리'라고 부른다. '공'은 거창한 초월적 진리를 말하는 것이 아니다. 이것은 일상에서 생각의 패러다임을 바꾸면 얼마든지 체험할 수 있는 생활의 진리다.

17. 묘소유妙所有의 삶

몇 년 전 불교방송에서 승려 월호가 소유의 세 가지 형태에 대해서 말하는 것을 들었다.

첫째는 착着소유가 있다는 것이다. 이것은 소유에 집착하는 형태를 말하는 것이다.

둘째는 묘妙소유가 있다는 것이다. 이것은 소유에 집착하지 않으면서 묘하게 소유하는 형태를 말하는 것이다.

셋째는 무無소유가 있다는 것이다. 이것은 자기처럼 속세를 떠난 승려들이 취해야 할 삶의 자세로써 꼭 필요한 것 이외에는 아무것도 소유하지 않는 형태를 말하는 것이다.

무소유의 삶이라 하면 법정이 떠오른다. 그는 승려든 재가자든 우리 모두가 나아가야 할 방향이 무소유의 삶이라고 역설했다.

그러나 월호가 무소유의 삶을 살아야 하는 승려와 달리 재가자는 묘소유의 삶을 살 필요가 있다고 말하는 대목이 훨씬 더 현실적이고 설득력 있다. 아래의 불교 경전이 이를 뒷받침한다.

『숫타니파타Sutta Nipata』 2편 14:393-404에는 재가자들이 출가수행자들을 위한 규정을 실천하는 것이 힘들다는 전제 아래, 재가

자들을 위한 규정이 들어있다. 여기서 재가자들은 소위 여덟 가지 절제(팔계八戒)를 잘 지키고, 정직하게 번 재물로 부모를 봉양하고 올바른 직업을 가지라는 권고가 나온다.

또한 『앙굿따라니까야*Aṅguttara Nikaya*』 4부 61은 재물, 명예, 장수, 그리고 죽은 후 좋은 곳에 태어남으로 이끄는 네 가지 요소로 '믿음의 성취', '계명의 성취', '관용의 성취', 그리고 '지혜의 성취'를 제시한 후, 이것들은 세상에서 얻기가 매우 어렵지만 사람들이 원하고 좋아하는 네 가지를 얻기 위한 네 가지 덕행이라고 한다.

이 구절들은 재가자의 삶을 출가자의 삶과 구별하면서, 재가자의 '소유'를 분명히 인정한다. 따라서 불법이 무조건 무소유의 삶을 가르치는 것은 아님을 알 수 있다. 소유에 집착해서는 안 되지만, 재가자들의 경우 정직하게 재물을 모으는 것을 인정해준다. 그러므로 자본주의 사회에 사는 우리는 묘소유의 삶을 사는 것이 가장 지혜로운 길 아니겠는가.

18. 부처가 로비의 대상인가

불교 신자인 지인이 어느 날 친구가 아주 어려운 문제에 봉착했다는 것을 알게 되었다. 어떻게 하면 이 친구를 도와줄 수 있을까 고민하다가, 이 친구를 도울 길은 기도밖에 없다는 생각이 들었다고 한다. 그래서 돈봉투를 들고 절에 가서 부처에게 바치고 이 친구의 문제가 해결되게 해달라고 간절히 기도했다고 한다. 그랬더니 다음 날 이 친구의 문제가 깨끗하게 해결되었다는 것이다. 이후로 그는 부처에게 돈을 바치고 기도하면 금방 해결된다는 확신을 가지고 조언하는 사람이 되었다.

이러한 일에 대해서 어떻게 생각해야 하는가? 과연 이러한 생각과 행위가 불교의 진정한 신행 생활에 부합하는 것인가. 이 신앙관은 적어도 두 가지 면에서 불법에 어긋난다는 것을 확인할 수 있다.

첫째, 만일에 이 불자의 말이 옳다면, 부처는 겉과 속이 다른 졸렬하고 추잡한 존재가 될 수밖에 없다. 왜냐하면 부처는 "누구든지 나에게 돈 갖다놓고 명과 복을 빌지 말고, 참으로 나를 믿고 따른다면 내 가르침을 실천하라."고 말했기 때문이다. 부처는 자기에게 돈을 갖다 바치고 기도하면 복을 주고 그렇게 안 하면 저주를 내릴 것이라고 가르친 적이 없다.

20세기 한국 불교의 최고 승려로 추앙을 받은 성철은 그의 법문 「광수공양廣修供養」에서 다음과 같은 내용의 설법을 들려주었다.

"누구든지 머리를 깎고 부처님의 의복인 가사장삼을 빌려 입고 승려 탈을 쓰고 부처님을 팔아서 먹고 사는 사람을 부처님께서 는 모두 도적놈이라 하셨습니다. ⋯ 부처님 앞에서 목탁 치면서 명 빌고 복 빌고 하는 것, 그것은 장사입니다. 부처님을 파는 것 입니다. ⋯ 부처님께서는 오직 중생을 도와주는 것이 참으로 불 공이요, 이를 행해야만 참으로 내 제자라고 말씀하셨습니다. ⋯ 불공이란 남을 도와주는 것이지, 절에서 목탁 두드리는 것이 아 니며, 결국 절이란 불공 가르치는 곳이라고. ⋯ 승려란 부처님 법을 배워 불공 가르쳐 주는 사람이고, 절은 불공 가르쳐 주는 곳입니다. 불공의 대상은 절 밖에 있습니다. 불공 대상은 부처님 이 아닙니다. 일체중생이 불공 대상입니다. 이것이 불공 방향입 니다. ⋯ 참 불공이라는 것을 깊이 이해하고 이를 실천할 때, 그 때 비로소 우리 불교에도 새싹이 돋아날 것입니다. ⋯ 오직 부탁 하고 싶은 것은 부처님 말씀에 따르는 불공을 하자는 것입니다."

(퇴옹 성철, 『자기를 바로 봅시다』, 장경각, 1987)

둘째, 부처에게 돈을 갖다 바치고 기도하는 행위는 부처의 인연

과보因緣果報 사상을 부정하는 꼴이 된다. 부처는 초월적인 섭리를 부정하고 모든 것이 인간의 의지와 행동에 따라 성립한다고 가르쳤고, 삶의 결과는 그 누구도 아닌 바로 자신의 책임이며, 모두 자신의 업에 따른 과보라고 가르쳤다. 그는 소위 삼업三業(몸과 말과 뜻으로 짓는 업)의 과보는 매우 엄정해서 한 치의 오차도 없다고 가르쳤다. 이러한 부처의 가르침에 따르면, 불자는 자신에게 일어나는 삶의 어떠한 문제도 다 자신이 지은 업의 결과라고 믿고, 그것을 자신의 업보로 그대로 받아들여야 하는 것이다.

그런데 부처에게 돈을 갖다 바치고 잘되게 해달라고 기도하는 것은, 부처에게 돈을 드릴 테니 그가 엄정하게 가르친 인연과보의 법칙을 깨뜨려달라는 얘기밖에 안 되는 것이다. 이것은 부처를 대상으로 로비해서 자신의 이익을 더 챙기겠다는 심산이다. 이 얼마나 유치한 발상인가? 부처가 우리의 로비 대상인가?

이제 한국의 불자들은 제발 정신을 차려야 한다. 중국과 타이완의 재가 불자들은 스스로 개혁운동을 통해 유아적 종교를 탈피해 진정한 불교의 신행에 매진하는데, 우리는 왜 하지 못하는가? 직업적인 승려들이 부추기는 것도 있지만, 재가자 신도들의 종교적 욕구가 미신적이고 민속적인 수준에 머물러있기 때문에, 이 욕구를 이용해서 부처를 팔아 장사하는 일이 일어나는 것이다. 승려들에게만 책임을 돌릴 것이 아니라, 재가자들이 먼저 깨어나야 한다. 불자들은 위에서 언급한 성철이 한국의 불자들에게 간곡한 마음으로 부처의 원래 가르침으로 돌아가자고 외친 말을 기억해야 한다. 그리고 부처의 마지막 유훈을 명심해야 한다.

"너희들은 부디 이 세상에서 스스로를 섬으로 삼고 스스로를 의지하라. 다른 것을 의지하지 말라. 법을 섬으로 삼고, 법을 의지하되, 다른 것을 의지하지 말라."

19. 불교는 종교가 아니다

　승려 현각은 '불교는 종교가 아니라 마음의 평화를 찾는 테크놀로지'라고 말한다. 그는 한국 불교를 세계에 알린 승려 숭산의 제자가 되어 한국에 왔는데, 지금은 독일에서 참선을 가르치는 중이다. 현각은 불교를 종교로 보지 않고 일종의 과학으로 보아서 '테크놀로지technology'라는 단어를 사용한다. 즉, 마음의 평화를 얻는 데 쓰는 기술이라는 것이다.

　현각은 오늘날 유럽 사람들이 종교에 목말라하지 않는 점을 주목한다. 그들은 기독교든 불교든 종교에 맹목적으로 접근하는 것을 매우 어리석은 일로 간주한다. 과거와 달리 이제 그들은 제도적인 종교보다 마음의 평화를 찾아가는 테크놀로지에 더 관심이 많다. 현각은 이 테크놀로지에서 불교가 앞으로 나아가야 할 방향성을 찾는다. 특히, 한국 불교는 과학성을 회복해야 한다고 말한다. 과학의 법과 마음의 법이 얼마나 똑같은지를 잘 알고 이를 강조해야 한다는 것이다. 그는 신앙이 없는 종교가 과연 가능한지를 묻는 한 기자의 질문에 다음과 같이 대답한다.

　"테크놀로지에 대한 믿음이 바로 신앙이다. 거기서 힘이 나온다.

경박하게 만들어진 신

162

그게 신앙의 힘이다."

이러한 현각의 '불교' 이해는 일본의 승려인 코이케 류노스케의 '불교' 이해와 매우 유사하다. 코이케 류노스케는 붓다가 말하는 '도'와 '법'은 종교가 아니라고 한다. 왜냐하면, 도와 법의 관점에서 보면, 종교는 일종의 세속적 오락에 지나지 않기 때문이다. 코이케 류노스케는 이렇게 말한다.

"천국에 가고 싶다는 것은 욕망의 번뇌이며, 신이 내리는 벌을 무서워하는 것도 분노의 번뇌이다. 이런 세속적인 마음의 연장선에 있는 이상, 종교는 영화나 소설, 게임, 음주 등과 비슷하다고 말할 수 있다." (코이케 류노스케, 『화내지 않는 연습』, 양영철 역, 21세기북스, 2011)

법륜은 붓다의 가르침을 종교와 관련짓는 것에 반대한다. 그는 불교의 정의를 다음과 같이 간단명료하게 답한다.

"'불교佛敎'라는 말의 뜻은 부처의 가르침이다. 부처는 깨달은 분이다. 따라서 '불교'는 깨달은 이가 깨닫지 못한 자를 깨닫게 해주는 가르침을 뜻한다. 절에 다니느냐 안 다니느냐가 중요한 것이 아니다. 깨달음이 중요하다. 깨달음과 관련해서 불교는 다음 세 가지 질문에 대한 답을 제공한다.

첫째, 무엇을 깨닫는다는 얘기인가? 제법실상諸法實相, 즉 모든 존재와 현상의 진실한 모습(참으로 있는 그대로의 모습)을 깨닫는다는 말이다.

둘째, 어떻게 깨닫는다는 얘기인가? 남방불교 식으로 말하면 정견正見이고, 반야심경般若心經 식으로 말하면 조견照見이다.

셋째, 깨달은 상태란 어떤 것을 말하는가? 일체의 고뇌가 사라져 자유로워진 밝은 상태를 말한다."(〈불교 공부 강의〉 중에서)

불교를 이렇게 정의해 보면, 현각이 불교를 종교로 보지 않고 마음의 평화를 찾는 테크놀로지로 보는 견해도 지나친 입장이라 하기 어렵다. 하루속히 미신과 주술에서 벗어나 불교의 본래성인 '마음 닦는 일'의 과학성을 회복해야 한다. 한국 불교는 붓다가 유훈으로 남긴 다음 문장들을 되새겨야한다.

"이 세상에서 스스로를 섬으로 삼고 스스로를 의지하라. 다른 것을 의지하지 말라. 법을 섬으로 삼고, 법을 의지하되 다른 것을 의지하지 말라."

"살아 있는 것은 어느 것이나 반드시 죽음을 맞이한다. 모든 것은 덧없으니 게으르지 말고 부지런히 공부해 깨달음을 이루라."

20. 점집 가는 승려

우리나라 점집들의 간판을 보면, 대개 절 표시(卍)가 그려져 있고, 역술가를 칭할 때도 '아무개 보살'이라고 한다. 어느 점집은 아예 '한국불교법인'이라는 명칭을 사용하면서 부처님의 원력으로 신점, 사주, 궁합을 본다고 선전한다. 이렇게 역술과 불교를 연관지어야 사람들이 자기를 더 의심 없이 찾고, 더 영험하다고 생각할 것으로 믿는 듯하다.

그러나 불교는 역술과 아무런 관련이 없는 종교다. 불교 경전을 보면, 오히려 불교는 역술에 대해 강하게 비판하는 종교라는 것을 알 수 있다.

"삿된 생활이란 무엇이겠는가? 사기, 점을 침, 속임, 이익을 보고서도 이익을 탐냄이니 이것이 삿된 생활이다."『아함경阿含經』
"이것도 비구가 지켜야 할 계율의 일부입니다. 점치고 기도하여 이익을 얻고도 더 얻으려고 합니다. 이 같은 일을 하지 않아야 합니다."『아함경』
"이것도 비구가 지켜야 할 계율의 일부입니다. 저속한 주술에 의한 그릇된 방법으로 생계를 유지하고 있습니다. 다시 말하면 손바닥과 발바닥으로 보는 점, 어떤 징조에 따라 보는 점, 날씨로 보는 점, 꿈을 풀이하는 점. 주문을 외우면서 보는 운수 판단, 집터의 길흉을 점치는 주술, 나라를 다스리는 주술, 묘지의 악귀를 잠재우는 주술, 죽은 자의 영혼을 잠재우는 주술. 수명을 묻는 점, 짐승의 소리를 해독하는 주술과 같은 것입니다. 이 같은 저속한 주술을 하지 않아야 합니다."『아함경』

"다음과 같은 저속한 기술에 의한 그릇된 수단으로 생계를 유지하고 있습니다. 다시 말하면 결혼하기 적당한 길일을 정하는 일, 꿔준 돈을 받는 일, 돈을 벌기 위한 길을 정한다든가 주술에 의해 행운이나 불행을 가져오게 하는 일. 거울에 물어서 얻는 주술, 어린 소녀에게 물어 답을 얻는 주술, 무당을 통해 신의 계시를 얻는 일, 태양숭배, 행운의 여신에게 기원하는 일과 같은 것입니다. 이 같은 저속한 기술에 의한 그릇된 수단으로 생계를 유지해서는 안 됩니다."『아함경』

"이 세상에서 올바른 구도자의 길을 가려면 어떻게 해야 합니까? 스승: 앞일을 예언하지 말라. 천지 이변을 점치지 말라. 꿈을 해몽하지 말라. 사주관상을 보거나 또 봐주지 말라.

이와 같이 길흉화복에 대한 판단을 모두 버린 사람은 이 세상에서 올바른 구도자의 길을 가고 있는 것이다."『숫타니파타』

이와 같이 불교 경전은 점을 치고 사주관상을 보고 주술을 행하는 것을 올바른 구도자의 길에서 벗어난 '삿된 생활'로 규정한다. 여기에 나오는 '삿된 생활'이라는 말은 불교에서 길 가운데 최고의 길로 불리는 팔정도八正道 중 하나인 '정명正命(바른 생활)'의 반대다. 다시 말해서, 불교는 이런 것을 바른 생활에서 벗어나는 어리석은 중생놀음으로 규정하는 것이다.

몇 년 전 조계종 전 총무원장이라는 사람이 전 국회의원이었던 모기업 회장을 데리고 역술가를 찾아간 사실은 놀랍고 충격적이다. 이 승려는 자기 종교의 경전을 모르는 것인가? 아니면 알면서도 무시한 것인가? 이 사람이 진정한 승려라면, 괴로워하는 중생에게 연기법緣起法, 일체법一切法, 삼법인三法印, 사성제四聖諦, '공空'과 같은 붓다의 근본 가르침을 전해 그 사람이 괴로움에서 벗어나게 도와주어야 하는 것 아닌가? 그런데 승려가 중생 구제를 한답시고 지인을 점집으로 데려갈 수 있는가.

붓다의 가르침에 따르면, 이러한 행위는 불교에서 삼독三毒으로 불리는 '탐욕, 화, 어리석음' 중 탐욕과 어리석음에 해당하는 것이며, 바른 생활에서 벗어나는 삿된 생활이다.

그러나 정 역술을 믿고 싶으면, 더 이상 불교를 모독하지 말고 그냥 무속종교인으로 살아가시라. 대한민국에는 종교의 자유가 있으니 말이다.

21. 교회 아닌 교회

기독교인인 어느 지인에게서 들은 얘기다. 그가 다니는 교회는 한때 1년 예산에 '구제비救濟費' 항목이 전혀 없는 교회였다고 한다. 당시 담임목사가 어려운 사람들을 도와주면 버릇이 나빠진다는 이유로 구제비 책정을 강하게 반대했기 때문이라고 한다. 한국에 구제비가 전혀 없는 교회도 있었다니 처음 듣는 얘기였다. 이 담임목사는 성서를 제대로 알고 목회를 하는 사람인지 의심스러웠다.

성서에는 구제에 대한 언급이 많이 나온다. 구약성서에는 구제를 지칭하는 히브리어 단어가 없지만, 구제(자선) 정신이 구약 전체에 널리 퍼져있다. 특히, 신명기 15장 11절에는 이스라엘 백성은 가난하고 궁핍한 동족을 반드시 도와주어야 한다는 것이 하나님의 명령으로 나온다.

"당신들은 반드시 손을 뻗어, 당신들의 땅에 사는 가난하고 궁핍한 동족을 도와주십시오. 그렇다고 하여, 당신들이 사는 땅에서 가난한 사람이 없어지지는 않겠지만, 이것은 내가 당신들에게 내리는 명령입니다."

또한 70인역(히브리어 성서를 헬라어로 번역한 성서)은 하나님의 의와 인간의 정의 및 인애를 말할 때 구제를 뜻하는 헬라어 '엘레에모쉬네eleemosune'를 사용하기도 한다.

이렇게 이스라엘 사람들에게 '구제'는 매우 중요했기 때문에, 이것은 '기도', '금식'과 함께 유대인들의 경건 생활 3대 기둥 중 하나가 되었다.

예수도 이러한 유대교의 전통을 이어받아 그의 '산상설교'에서 이 세 가지를 다룬다. 마태복음 6장 1-4절에서 그는 구제를 산상설교의 대주제인 '보다 더 나은 의'를 실천하는 항목 중 하나로 언급한다. 여기서 그는 구제를 위선자들인 율법학자들과 바리새파인들처럼 남에게 칭찬 받으려고 하지 말고 은밀히 할 것을 권고한다. 이렇게 하는 것이 그들보다 더 의로운 삶이라는 것이다. 그러면 은밀히 보시는 하나님께서 갚아 주실 것이라고 한다.

신약성서는 초기 기독교에서도 구제를 매우 중시했다는 것을 여러 군데서 알려준다. 사도행전 6장 1절에 의하면 초기 교회는 매일 과부들을 구제하는 일에 힘썼다고 하며, 사도행전 10장에는 '구제'가 '기도'와 함께 하나님이 기억하시는 일로 나타난다. 에베소서 4장 28절에서는 '구제'를 그리스도인들의 새로운 생활 규범의 맥락에서 언급하며, 디모데전서 5장 10절에서는 과부단에 들어갈 수 있는 조건 중 하나로 '구제'를 언급한다.

성서에서 '구제'는 신학적으로 그 의미가 깊다. 교회는 가난한 이들의 곤궁을 외면하지 말고 책임감을 가지고 그들을 돌보는 일에 참여할 의무가 있다. 이것은 하나님의 명령이다. 그러므로 구제하지 않는 교회는 교회로 볼 수 없으며, 그런 교회는 사이비 종교단체에 불과하다.

22. 양심을 밝혀야 성서가 보인다

요즘 한국 교회는 '개독교', '붕어빵 기독교', '안티 기독교', 심지어 '한국 교회는 무너지고 있다', '죽었다'라는 말을 들을 정도로 큰 위기에 빠져있다. 종교개혁 이후 지금의 한국 교회처럼 부패하고 타락한 개신교회가 과연 존재했는지 의문을 제기하는 이들이 적지 않다.

한국 교회가 왜 이렇게 되었는가? 그 이유를 구원론의 왜곡 또는 축소에서 찾을 수 있다. 한국 교회 목회자들 대부분이 행위로 구원을 받는 것이 아니라, 오직 믿음으로 구원을 받는다는 교리를 가르친다. 그래서 신학자 김득중 교수가 언급한 대로, 한국의 많은 기독교인들이 "하나님 앞에서 인간이 행할 수 있는 가장 선한 행동들은 오직 믿음뿐이며, 그 외에 다른 선행이란 있을 수 없다. 죄인인 인간이 행하는 선행 자체가 하나님 앞에서는 오직 죄의 산물일 뿐이다."(김득중, 「'오직 믿음'만을 강조하는 신앙 생활에 대한 성서신학적 반성」, 〈신학과 세계〉 37호, 1998)라고 생각한다. 이 신학자가 지적하듯이 "이런 입장은 자연히 한편으로는 은총만 중요시하면서, 다른 한편으로는 인간의 자유의지나 인간의 행위나 선행을 배제하는 결과를 가져오게 되었다."

그러나 이러한 입장은 신약성서의 구원론을 왜곡 또는 축소한 것이다. 신약성서에는 '오직 믿음'을 부정하는 내용이 나올 뿐만 아니라(야고보서 2:24), 구원받으려면 '믿음'과 함께 '양심'도 매우 중요하다고 가르친다. 그렇다면 신약성서에서는 구원과 관련해서 '양심'이 어떻게 언급되는지를 살펴볼 필요가 있다.

신약성서에서 '양심'이라는 단어가 모두 서른두 번 사용되는데, 특히 목회서신으로 불리는 디모데전서와 후서, 그리고 디도서에서 이 단어가 그리스도인들의 구원에 중요한 단어로 쓰인다. 우선 디모데전서 1장 5절을 살펴보자.

> "이 명령(설교)의 목표는 깨끗한 마음과 선한 양심과 거짓 없는 믿음에서 우러나오는 사랑을 불러일으키는 것입니다."

이 구절은 어거스틴이 성서 읽기와 해석에 근본과 목표로 삼은 매우 중요한 구절이다. 어거스틴은 '누가 성서 읽기와 해석에 적합한가?' 하는 질문을 거듭 제기했고, 이에 대한 답은 '사랑을 위해 개방되어 있는 사람들'이다. 그는 기독교의 진수를 '자기 사랑을 이웃 사랑과 하나님 사랑으로 진전시키는 것'으로 보았기 때문이다. 그에 의하면 하나님과 이웃에 대한 사랑이 그리스도인들이 성서를 올바로 독해할 수 있는 관점이다. 그는 『그리스도교의 교의』(1. 40. 44)에서 위에 인용한 디모데전서 1장 5절에 나오는 바와 같이, "성서 읽기(설교)의 목표는 깨끗한 마음과 선한 양심과 거짓 없는 믿음에서 우러나오는 사랑이라는 것을 인식하는 사람, 그리고 누구든지 성서의 의미를 완전히 이 세 가지와 관련 짓기로 결심한 사람은 조용히 이 책들을 다루기 시작해도 좋다"고 말한다.

그런데 여기서 눈에 띄는 것은 '깨끗한 마음'과 함께 '선한 양심'이 '거짓 없는 믿음' 앞에 나온다는 점이다. 이 '선한 양심'에 대해서는 디모데전서 1장 19절이 매우 중요한 내용을 말해준다. 여기서 저자는 구원받는 데 선한 싸움의 무기로 믿음과 함께 선한 양심을 언급하고 있으며, 선한 양심을 저버렸기 때문에 믿음이 파선당한 사람들이 있었다는 것을 지적한다.

또 하나 주목할 만한 구절은 디모데후서 1장 3절이다. 여기서 저자는 '조상 때부터 믿음으로 섬겨오는 하나님께'라는 표현을 쓰지 않고, '조상 때부터 깨끗한 양심으로 섬겨오는 하나님께'라는 표현을 사용한다.

이렇게 목회서신은 우리의 구원에 '믿음'뿐만 아니라 '양심'도 매우 중요하게 여긴다. 이런 사실 때문에 사도 바울은 부활에 대한 희망을 가지면서 언제나 하나님과 사람들 앞에서 거리낌 없는 양심을 가지려고 스스로 단련했다고 고백한 것이다.(사도행전 14:16)

또한 신약성서에서 목회서신 못지않게 우리의 구원에 '양심'의 중요성에 대해 언급하는 문서는 히브리서다. 9장 14절과 10장 22

절에 의하면 그리스도가 십자가에서 흘린 피로 인해 우리의 양심이 깨끗해졌다고 한다. 게다가 9장 9절에서는 장막에서 바치는 예물과 제사가 예배자의 양심을 완전하게 해주지 못한다고 한다. 이것은 구원이 우리의 양심을 완전하게 하는 데 있다는 것을 말해준다. 그리고 히브리서의 결론부에 나오는 "사실 우리는 선한 양심을 지니고 있다고 확신하며 모든 일에 올바르게 처신하려고 합니다."라는 문장도 초기 기독교인들이 '선한 양심'을 얼마나 중요하게 여겼는지를 잘 보여준다.

그럼에도 한국 교회는 계속 '오직 믿음'과 '오직 은혜'만을 외치면서 신약성서에 나오는 구원의 의미를 왜곡 또는 축소해야겠는가? 이제는 왜곡된 구원 교리에서 벗어나 성서로 돌아가야 한다. 신약성서가 말해주듯이, 구원받으려면 믿음과 선한 양심을 가지고 선한 싸움을 해나가야 하고, 구원이 우리의 양심을 깨끗하고 완전하게 하는 데 있다는 점을 꼭 기억해야 한다. 그럴 때 한국 교회는 현재 처한 큰 위기에서 벗어날 수 있으며, 제2의 종교개혁 시대를 열어갈 수 있다.

23. 죽은 화두가 되어 버린 종교개혁 표어

"살아있는 화두를 지녀야 합니다. 죽은 화두를 지니고 있으면 아무 의미가 없습니다. 우리가 이미 관념적으로 알고 있는 것은 살아있는 화두가 아닙니다. 역사적으로 볼 때 그 상황에서는 살아있는 화두의 역할을 했지만, 이 시대에 와서 우리가 그것을 관념화시키면 살아있는 화두가 될 수 없습니다. 생명력을 잃어버립니다." (『일기일회一期一會』, 문학의 숲, 2009)

법정이 남긴 법문의 일부다. 화두에 관한 매우 소중한 가르침이다. 이 가르침은 루터가 종교개혁을 할 때 사용했던 유명한 세 가지 표어, '오직 성서', '오직 믿음', '오직 은혜'에 그대로 적용된다.

저명한 가톨릭 신학자인 한스 큉H. Kueng은 저서 『그리스도교: 본질과 역사(*Christianity: Essence, History, Future*)』(이종한 역, 분도출판사, 2002)에서 루터의 종교개혁이 일어난 원인에 대해 다음과 같이 요약했다.

1. 교황의 세계 지배권 와해, 서방교회의 분열과 두세 명의 병립 교황, 민족국가들(프랑스, 영국, 스페인)의 부상.

2. 교회의 머리와 지체들의 개혁을 위한 개혁 공의회들 실패.

3. 인쇄술의 발명과 교육 및 성서 지식에 대한 광범위한 갈망.

4. 교황청의 전제군주제적 중앙집권주의, 방만한 재정정책, 개혁에 대한 고집스러운 거부, 르네상스식 화려하고 위세 가득한 이데올로기, 부도덕성, 이탈리아 상업과 무역에의 연루, 특히 베드로대성당 신축을 위한 면죄부 판매.(독일에서는 이것을 교황청 착취의 극치로 봄)

5. 귀족들의 고위 성직 독점, 하급 성직자들의 위태로운 소외감, 부유한 영주 주교들과 수도원들의 세속화.

6. 독신법이 야기한 머리카락 곤두서는 악습들, 교육 받지 못하고 가난한 수많은 성직자 프롤레타리아.

7. 교회 조직의 반동성: 교회에 대한 이자 금지와 세금 면제, 재판권 보유, 성직자들의 교육 독점, 동냥(탁발) 폐습 조장, 너무나 많은 교회 축일.

8. 엄청나게 복잡해진 교회법에 의한 교회, 신학, 사회의 질식화.

9. 급진적 교회 비판자들 그리고 신학의 불확실성과 방향 상실.

10. 민중들의 경악스러운 미신과 성유물 존숭, 광신적이고 묵시록적 형태를 띤 종교적 신경 과민, 허식화된 전례와 법정화된 민중 신심, 노동을 기피하는 수도자와 성직자 들에 대한 증오, 독일의 도시 식자층과 착취당하던 농민들 속의 불온한 기운.

16세기 가톨릭교회의 심한 부패와 총체적 위기 상황에서, 루터는 교회를 예수 그리스도의 복음으로 돌아가게 하려고 앞서 언급한 세 가지 표어를 제시하며 개혁 프로그램을 실행에 옮겼다. 이때 세 가지 표어는 살아있는 화두였다. 루터는 수백 년 동안 쌓여온 교회의 온갖 전통과 법, 그리고 교황의 권위에 맞서서 '오직 성서'라는 표어로 성서의 수위권을 천명했다. 그리고 그는 교회가 영혼 구원을 얻으려 규정한 온갖 경건한 종교적 보험 행위와 공로 사상에 맞서서 '오직 믿음'과 '오직 은혜'를 천명했다. 루터는 교회가 하나님과 인간의 중개자 역할을 할 수 없다고 생각했다. 인간은 오직 순수한 믿음과 하나님의 은혜로 구원받을 수 있으며, 그 근거는 교황의 말이나 교회의 전통 및 교리가 아니라, 성서라는 것이 그의 확고한 신념이었다.

그러나 오늘날 이 세 가지 표어는 관념화되고 교리화되면서 죽은 화두가 되어버렸다. '오직 성서'는 성서주의로, '오직 믿음'은 양심과 윤리적 행위를 우습게 여기는 신앙지상주의로, '오직 은혜'는 값싼 은혜로 변질되었다. 소위 '복음주의'를 표방하는 한국의 대다수 목회자는 위 세 가지 표어를 중시하면서 오직 예수 그리스도를 믿고 교회를 다니면 천국에 간다는 값싼 구원론을 전파하는 중이다.

16세기 기독교 상황과 오늘날 기독교 상황은 많이 다르다. 현대는 다원화된 사회이고, 학문 간의 통섭과 이웃 종교와의 대화를 중시하는 사회다. 이러한 사회에서 앞서 언급한 세 가지 표어 중 두 가지는 적절하지 못하다. '오직 은혜'에는 모든 것을 하나님의 영광과 그의 은혜로 돌리는 신앙고백적인 의미가 들어있기 때문에 신앙인에게는 적절한 표현일 수 있다.

그러나 미국의 신약학자인 리처드 헤이스R. B. Hays가 지적한 것과 같이, "교회가 성경의 권위를 아무리 심각하게 옹호한다 하더라도, 슬로건 '솔라 스크립투라Sola Scriptura(오직 성경으로)'는 개념적으로나 실천적으로나 부적합한 명제이다. 왜냐하면 성경 해석은 결코 진공 상태에서 이루어지지 않기 때문이다. 신약 성경은 언제나, 이성과 경험의 조명을 사용하고 성경을 특정한 역사적 상황에 연관시키려 시도하는, 특정 전통의 영향 아래 있는 해석자들에 의해 읽혀왔다."(리처드 헤이드, 『신약의 윤리적 비전』, 유승원 역, 한국기독학생회 출판부, 2002) 신학의 자료에는 성서뿐만 아니라 전통과 이성 그리고 종교 경험도 포함된다.

또한 '오직 믿음'도 부적합한 표현이다. 왜냐하면 성서에는 이 표현이 단 한 번 나오는데, 그것도 부정적인 의미로 사용되기 때문이다. "여러분이 아는 대로, 사람은 행함으로 의롭게 되는 것이지, 오직 믿음으로만 되는 것이 아닙니다."(약 2: 24) 게다가 베드로후서 1장 5-7절에서는 구원의 조건으로 '믿음' 외에 여러 덕목들(덕, 지식, 절제, 인내, 경건, 형제애, 하나님의 사랑)을 제시한다. 따라서 현 개신교는 구원관을 재정립할 필요가 있다. 루터는 바울서신(특히 로마서와 갈라디아서)에서 종교개혁의 영감을 받았지만, 오늘날 점점 세속화되고 타락해가는 기독교를 다시 개혁하려면 루터와 달리 소위 공동서신(야고보서, 베드로전후서, 요한서신, 유다서)에서 개혁의 영감을 받을 필요가 있다. 현재 미국에서는 공동서신에 대한 새로운 연구가 활발히 진행되는 중이다. 국내에서는 채영삼 교수가 이에 대해 소개해주었다. 그의 저서 『공동서신의 신학』을 참고하면 한국의 교회 개혁에 관한 영감을 얻을 수 있을 것이다.

24. 팬데믹 시대에 한국 기독교인이 알아야 할 것

요즘 한국 기독교(특히, 개신교)가 혐오의 대상이다. 최근에 일부 선교단체(BTJ열방센터와 IM선교회)와 일부 교회를 통해 코로나19 확진자 수가 점점 늘어나고 있기 때문이다. 광주에서는 대면 예배 통제 방역법을 교회 말살 정책이라면서 목숨 걸고 싸우겠다고 한 어느 교회의 담임목사가 감염되었고, IM 선교회 소속 TCS 국제학교에 아들을 보냈던 어느 교회의 부목사도 감염됐다. IM 선교회 대표인 마이클 조 선교사는 전국 단위의 모임을 주최하면서 코로나 바이러스가 자신들을 비껴간다고, 하나님이 자신들을 과학적으로 지켜준다고 주장했다. 그는 자신의 선교회가 사람의 영혼을 살리는 곳이기 때문에 절대로 포기하지 못한다면서 집회를 강행했다. BTJ 열방센터를 이끄는 대표인 최바울은 빌 게이츠가 코로나19를 만들어 퍼뜨렸다는 말을 믿을 정도로 수준이 낮은 사람이다. 그는 전 세계 인류를 통제하려고 특정 집단이 만든 게 코로나19라고 주장하며, 백신을 맞으면 그들의 노예가 된다는 허무맹랑한 얘기로 혹세무민한다.

이런 수준의 선교사들과 목회자들 때문에 교인들의 확진자 수가 점점 늘어나고, 이웃까지 감염시키고 있으니 일반 국민이 어찌 가

만히 있을 수가 있겠는가. 형편없는 일부 선교사와 목회자 때문에 현재 한국 교회는 공익을 외면하고 국민 건강에 위해를 가하는 세력으로 지탄받고 있다. 국민 다수가 '교회'라는 말만 들어도 지긋지긋하다고 할 정도다. 교회가 민폐라는 말도 나오는 실정이다. 최근 개신교의 한 여론조사기관(목회데이터연구소)에 따르면, 한국 교회를 별로 신뢰하지 않는다는 응답이 76퍼센트로 조사됐다. 이러한 상황에서 나는 한국 기독교인들이 꼭 알아야 할 네 가지를 말하고 싶다.

첫째, 팬데믹 시대에는 어느 때보다도 과학적 사고가 중요하다. 한국의 기독교인 상당수는 과학을 배격하는 목회자들의 설교를 많이 듣다보니 세뇌되어서, 팬데믹 현상을 과학적으로 이해하지 못하고 종교적으로만 보려는 경향이 있다. 그러다보니 교회 활동에 제한을 가하는 정부를 사탄의 세력으로 보기도 하고, 팬데믹 현상을 말세의 징조로 보기도 한다. 성서에 나오는 팬데믹에 관한 진술은 세계 종말에 관한 문자적 예언이 아니다. 이런 진술을 제대로 이해하려면 고대인들이 사용한 묵시문학적-신화적 표현 방법을 알아야 한다. 묵시문학은 요즘 말로 하면 판타지 문학이다. 성서를 읽는 사람은 성서 저자들이 판타지 문학 기법을 사용해서 신앙적으로 무엇을 말하려고 했는지를 알아내려고 노력해야 한다.

그러나 팬데믹 시대에 판타지 문학만 읽어서야 되겠는가. 팬데믹의 원인, 진단, 해결 방안 등에 관한 전문적 지식을 가진 사람은 목사가 아니라 과학자다. 종교인이라도 과학을 무시해서는 안된다. 과학을 배격하는 신앙은 참된 신앙이 아니라, 사이비요 미신에 불과하다. 팬데믹 시대에 과학적 사고를 배우는 것이 얼마나 중요한 것인지를 잘 가르쳐주는 사람이 장대익 교수(서울대 자유전공학부)다. 한국 기독교인들은 유튜브에 나오는 장 교수의 강의 〈팬데믹 시대, 무엇을 배워야 하는가〉를 꼭 듣기를 당부하고 싶다.

둘째, 팬데믹과 관련해서 한국 기독교인들은 역사로부터 배울 줄 알아야 한다. 역사적으로 보면, 팬데믹 현상은 이번이 처음이 아니라 수십 차례나 있었고, 지속적으로 반복되었다. 장대익 교수는 팬데믹을 연구한 프랑크 스노든Frank M. Snowden 교수의 말을 인용하면서, 팬데믹이 왔을 때 전 인류의 공통된 반응이 인지적 혼란과 정서적 혐오였다는 것을 지적한다. 다시 말해서, 감염 예측 불가능으로 인한 혼란과 전염 공포로 인한 혐오와 분노가 생긴다는 것이다. 목회자들은 종교의 자유만을 외칠 것이 아니라, 이러한 연구를 잘 숙지해서 지역 공동체의 불안감과 분노를 줄이는 데 힘써야 한다. 교회의 이익보다 공익을 먼저 생각하고 국민 건강을 위해 함께 노력하는 것이 예수의 이웃사랑 계명을 실천하는 길이다.

또한 팬데믹은 기도로만 해결할 수 있는 사안이 아니다. 우리는 14세기 중엽 유럽 인구의 삼분의 일을 사망하게 했던 흑사병을 기억한다. 그때 교회가 취했던 방역법은 기도와 성지 순례 등 신에게 기원하는 방식이었다. 반면에 일반인들은 의학적, 과학적 방식으로 대응했다. 그 결과 일반인의 사망률(약 30퍼센트)이 교회의 지시를 따른 기독교인들의 사망률(약 40퍼센트)보다 적었다. 기도는 만병통치약이 아니다. 팬데믹에 대해 하나님은 침묵하는 중이다. 그러나 기독교인들은 하나님의 침묵에 대해 실망해서는 안된다. 일본인 작가 엔도 슈사쿠의 말처럼 '하나님의 침묵이야말로 무한한 메시지를 내포하고 있으며, 그 메시지의 뜻을 잘 파악하는 것이 바른 신앙의 길에 들어서는 것이다.'(이왕주, 「내 기도의 간절함으로 이르는 곳」, 〈고교독서평설〉 1999년 12월호) 다시 말해서 하나님의 침묵을 응답으로 받아내는 능력이 있어야 하는 것이다.

셋째, 팬데믹과 관련해서 한국 기독교인들은 성서뿐만 아니라 일반 문학작품도 읽어야 한다. 특히 카뮈의 『페스트(*La Peste*)』는 팬데믹 시대에 한국 기독교인들이 꼭 읽어야 하는 필독서다. 이 작품을 통해 카뮈는 팬데믹 상황에 어떻게 대처하는 것이 가장 지혜로운 길인지를 문학적으로 설득력 있게 묘사한다. 여기서 기독교인들은 특히 보건대를 조직한 타루와 함께, 페스트에 맞서는 주인공인 의사 리외의 말로 표현되는 다음 문장들에 주목할 필요가 있다.

"페스트와 싸우는 유일한 길은 성실성입니다."

"성실성은 나의 직책을 완수하는 것이라고 알고 있습니다."

"인류의 구원이라는 말은 나에게 너무 벅찬 말입니다. 제가 신경 쓰는 건 오로지 모두의 건강일 뿐입니다. 내가 증오하는 것은 죽음과 불행입니다. 당신이 어떻게 생각하시든 간에 우리는 모두 그것 때문에 고생을 하고 있고 싸우고 있습니다."

"다만 우리는 공동의 목표를 위해 함께 일하고 있어요. 그것만이 중요합니다."

"어쩌면 신은 우리가 있는 힘을 다해 죽음과 싸우기를 바라고 있는지 모릅니다."

반면, 판느루 신부는 페스트가 타락한 인간들에게 내리는 하나님의 벌이며, 지금 우리는 오로지 무릎을 꿇고 회개하는 기도만 할 수 있을 뿐이라고 설교한다. 그러던 그도 한 아이가 힘겹게 죽어가는 모습을 보고서는 보건대에 자원한다. 그러나 안타깝게도 그는 건강에 이상이 생긴다. 하지만 그는 성직자는 의사의 진찰을 받아서는 안된다는 잘못된 생각 때문에 진찰을 거부하다 결국 죽음에 이른다. 카뮈는 판느루라는 인물을 통해 우리가 종교적 관념에 너무 빠져서는 안된다는 것을 가르쳐준다. 카뮈는 다른 대목에서 주인공 리외의 말을 빌려 "인간은 하나의 관념이 아닙니다."라고 진술한다. 팬데믹 시대에 한국 기독교인들은 혹시 나에게도 판느루처럼 종교적 관념에 지나치게 사로잡힌 편협성이 없는지 점검해야 한다.

넷째, 전처럼 대면 예배에 적극적으로 참여하지 못해서 자신의 신앙심이 약화될까 걱정하는 이들은 요한복음 4장 20-24절과 로마서 12장 1-2절을 읽어보기를 바란다. 꼭 대면 예배를 드려야 예배를 잘 드리는 것이 아니다. 얼마든지 비대면 예배도 드릴 수 있는 것이지 장소가 중요한 것이 아니다. 예수는 어디서든 영과 진리로 예배를 드리는 것이 중요하다고 가르쳐주었다. 그리고 바울은 우리의 몸을 하나님이 기뻐하실 거룩한 산 제물로 드리라고 하면서 이것을 '영적 예배'(헬라어를 직역하면 '이성적 예배')라고 말한다. 다시 말해서 일상생활에서 우리의 이성을 새롭게 함으로 변화를 받아 하나님의 선하시고 기뻐하시고 온전하신 뜻이 무엇인지를 잘 분별하는 삶을 사는 것이 참된 예배라는 것이다. 어설픈 종교적 관념과 교리에 사로잡히지 말고, 팬데믹 시대에 하나님이 우리에게 바라시는 선하시고 기뻐하시고 온전하신 뜻이 무엇인지를 잘 분별해야 한다.

3
부

철학, 하다

1. 플라톤은 이렇게 기도했다

플라톤은 이성주의자로 알려진 인물이다. 그의 인식론은 철저히 이성에 기반을 둔 합리주의를 지향한다. 그의 철학의 핵심인 '이데아론'에 나오는 가지계可知界는 감각 경험을 통해 앎을 얻을 수 있는 가시계可視界와 달리 이성으로 앎을 얻을 수 있는 세계다. 그는 이 가지계를 '이데아의 세계'라고 불렀고, 이 이데아에 대한 앎만이 참다운 앎이라고 주장했다.

그런데 놀랍게도 플라톤은 위 내용에 부합하지 않는 비합리적 사상가의 모습도 보여준다. 그는 합리주의적 철학을 하면서도 신을 믿었다. 그래서 그는 인류 최초의 종교사상가요 자연신학의 창시자로 불리기도 한다.

플라톤의 신관은 다소 모호하다. 그는 『국가(The Republic)』에서 신을 이데아 가운데 있는 초월적인 최고선과 연결하지만, 후기 작품인 『티마이오스Timaeus』에서는 신을 세계를 만든 창조주로, 그리고 세계가 신의 영혼을 지닌다는 창조신화를 제시한다. 그럼에도 불구하고 플라톤의 신관은 소위 고전적 유신론('신은 절대자요. 무한자요, 영원불변한 자요, 전지전능한 자요, 완전한 선이며, 세계에 대해 본질적으로 독립적인 완전한 존재자'라는 견해)과 범재신론('모든 것이 신의 존재 안에 거하지만, 그럼에도 신은 만물을 초월한다'는 견해)에 지대한 영향을 끼쳤다.

플라톤에게 신은 존재의 근원이고 최고의 선이며 순수한 활동이다. 그에게 신은 본성상 아주 복되고 우리가 진지하게 고심해야 할 대상이다.(『법률(Laws)』 7권 803c 참조) 그리고 그에게 "신은 어떤 방식으로도 결코 불의하지 않고, 가능한 한 가장 정의로운"(『테아이테토스Theaetetus』 176c) 존재다. 그래서 플라톤은 정의로운 자보다 더 신에 동화된 자는 없다고 말한다. 그는 우리가 신을 닮을 때 슬기를 갖추고 정의롭고 경건해진다고 말한다. 이 신을 닮는 것에 대한 인식이 지혜고 참된 덕인 반면, 이에 대한 무지는 어리석음이요 명백한 악덕이라고 한다. 그는 신에 동화되는 삶을 윤리적으로 가장 이상적인 최선의 삶이라고 보았다.

플라톤은 신과 관계 맺는 형식으로, 신을 닮으려는 윤리적인 노력 외에도 기도를 언급한다. 플라톤은 특별히 중대한 일이 있을 때(예컨대 결혼식이나 큰 사업을 시작할 때)는 기도를 하라고 권면한다. 그러나 플라톤이 말하는 기도의 진정한 뜻은 우리의 이기적인 욕심을 채우려고 당장 원하는 것을 간청하는 데 있는 것이 아니라, 더 지혜롭고 이성적으로 살게 되기를 간구하는 데 있다. 『파이드로스Phaedrus』 279c에는 다음과 같은 아름다운 기도문이 들어 있다.

"친애하는 판Pan과 이곳의 다른 모든 신들이여, 저의 내면이 아름다워지도록 허락하소서. 제가 밖으로 가진 모든 것이 제 안에 있는 것과 우애 있도록 허락하소서. 제가 지혜로운 자를 부유한 자로 여기게 하소서. 절제 있는 자 말고는 다른 누구도 나를 수도 끌고 갈 수도 없는 만큼의 그득한 황금이 제게 있게 하소서."

이성을 중시한 대철학자인 플라톤이 이러한 기도를 하다니, 그저 놀랄 따름이다. 여기서 우리는 서양철학사를 저술한 히르쉬베르거J. Hirschberger가 평한 것처럼, 플라톤의 높은 에토스Etos와 고귀한 마음가짐을 엿볼 수 있다. 플라톤도 이성만으로는 진리를 깨닫거나 실천할 수 없다는 것을 알았기에 신에게 이러한 기도를 한 것이 아닌가? 그는 이성 만능주의자가 아니다. 참으로 겸손한 사람이다. 플라톤의 이러한 모습을 보니 종교개혁자 칼빈의 말이 떠오른다.

"신에 대한 인식은 우리 안에서 겸손을 낳으며, 우리 스스로를 낮추게 한다. 심지어 그것은 우리를 높여주는 것이 아니라 오히려 우리를 완전히 꺾어놓기까지 한다. … 교만이 있는 곳에는 신의 지식에 대한 무지와 오해가 지배한다."

요즘 무신론 운동이 활개를 치고 있다. 이 운동을 하는 사람들은 신을 믿는 사람을 무지하고 어리석고 망상에 빠져있다고 비난한다. 과연 그런가? 플라톤이 무지하고 어리석어 신을 믿은 것인가? 오히려 그들이 무지하고 어리석고 망상에 빠져있는 것이 아닌지 성찰해 볼 일이다. 신에 대한 문제는 함부로 단정할 수 없는 사안이다. 신을 믿기 어려운 사람은 불가지론자로 남는 것이 그래도 덜 교만한 모습이다.

2. 운명에 대한 태도를 바꿔라

운명과 행운을 동의어로 생각하는 사람들이 있다. 그런가 하면 전자를 비극적인 것으로, 후자를 행복한 것으로 생각하는 사람들이 있다. 그러나 운명과 행운은 동의어가 아니며, 이 둘을 선과 악의 관점에서 하나는 좋고 다른 하나는 나쁘다고 말할 수 없다. 운명에는 꼭 비극만 있는 것이 아니라, 좋은 면도 있기 때문이다.

물론 이 둘은 인간의 자유에 제한을 가한다는 점에서 공통점이 있다. 자신의 운명을 피할 수 없는 것과 마찬가지로 행운이 우리에게 미소 짓게 할 수는 없다. 이러한 점에서 둘은 유사하지만, 한편 서로 반대되는 면도 있다. 운명은 불변하고 필연적인 데 반해, 행운에는 우연이 있다.

로마의 철학자였던 보에티우스Boethius(A.D. 480-524)가 말했듯, 우리는 운명의 수레바퀴를 멈추게 할 수 없다. 운명의 수레바퀴를 멈추려고 애쓴다면, 우리는 인간 중에 가장 어리석은 인간이 될 것이다. 따라서 그는 운명에 복종할 것을 권고한다.

스토아철학자들도 운명은 어찌할 수 없는 영역이라는 점을 인정하고 수용할 것을 권고한다. 그러나 그들은 운명에 대한 우리의 태도를 바꿀 수 있다고 주장한다. 우리를 행복이나 불행으로 인도하는 것은 운명이 아니라 운명을 받아들이는 우리의 태도이기 때문이다. 어떤 운명이 닥쳐도 이를 초월하고 담담하게 대처할 수 있다. 그래서 그들은 철학을 통한 수행을 중요하게 여긴 것이다.

행운도 우리가 어찌할 수 없는 영역이다. 그러나 여기서도 이를 대하는 우리의 태도가 중요하다.

혼다 켄은 『부자가 되려면 부자에게 점심을 사라』에서 보통사람들과 백만장자들의 행운관을 비교 설명한다. 백만장자들도 보통사람들처럼 성공하려면 노력과 성실뿐만 아니라 행운도 중요하다고 생각한다. 그러나 이들은 행운이 자신의 행동과 아무 관련이 없는 곳에 있다고 여기는 보통사람들과 달리, 자신의 힘으로 행운을 어느 정도까지는 끌어들일 수 있다고 여긴다. 그들은 행운도 준비된 사람에게 찾아오는 것으로 생각하기 때문에, 운에만 의존하지 않고 적극적으로 노력하는 것을 중요하게 여긴다. 그들은 혼신의 노력과 성실성으로 운을 끌어들여 행운을 체험한 사람들이라는 것이다. 그 결과 백만장자와 보통사람 사이에는 기회를 자기의 것으로 만드는 힘에서 엄청난 차이가 생긴다는 것이다. 혼다 켄은 백만장자들이 행운을 끌어들이는 방법을 다음 네 가지로 요약한다.

첫째, 할 수 있는 일은 혼신의 힘을 다해 완수한다. 행운의 신은 노력에 쉽게 걸린다.

둘째, 다른 사람과의 인연을 소중하게 여긴다. 행운의 신은 다른 사람을 통해 온다.

셋째, 시대의 흐름을 붙잡는다. 행운의 신은 시대의 흐름을 타고 온다.

넷째, 자신을 행운이라고 생각한다. 행운의 신은 자신을 아는 사람에게 온다.

그러나 행운이 무조건 좋아할 만한 것은 아님을 깨우쳐 준 사람이 있다. 앞서 언급한 보에티우스다. 그는 행운과 불운의 관계에 대해서 이렇게 말한다.

> "행운보다 불운이 인간에게 더 유익하다. 행운은 항상 행복을 가져다주는 것처럼 보이지만, 실제로는 미소로 너희를 속인다. 반면에 불운은 변화함으로써 그 참된 모습인 변덕스러움을 드러내기 때문에 항상 진실하다. 행운은 인간을 속이지만, 불운은 인간을 깨우쳐준다. 행운은 그럴듯한 재물을 보여줌으로써 그것을 누리는 사람들의 정신을 노예로 만드는 반면에, 불운은 행복이라는 것이 얼마나 깨지기 쉬운 것인가를 알게 해줌으로써 인간을 해방시켜 준다." (『철학의 위안(Consolatio Philosophiae)』 2권 8장)

이와 같이 행운에 대해서도 우리의 태도가 중요하다는 것을 알 수 있다. 행운은 무조건 좋은 것이고, 불운은 무조건 나쁜 것으로 보는 이분법적인 사고에서 벗어나야 한다. 행운이 찾아오면 무조건 좋아하고, 불운이 찾아오면 무조건 슬퍼하거나 분노할 일이 아니다. 행복할 때는 감사하고, 불행할 때는 깨닫는 기회로 삼으며 모든 것을 담담히 받아들이면서 자신을 검토하는 자세가 바람직하다.

3. 철학은 삶의 방식이다

'철학' 하면 일반적으로 철학자들의 어려운 사변철학 이론을 떠올리기 쉽다. 그래서 사람들은 철학을 소수의 전문가나 연구하는 영역으로 간주하고 기피하게 된다.

그러나 『고대철학이란 무엇인가(*Qu'est-ce que la philosophie antique?*)』의 저자인 피에르 아도Pierre Hadot가 언급했듯이, 고대 그리스의 철학은 현대 학문 분과의 분석적인 학문으로서의 철학과 달리 '삶을 살아가는 방식'이었다. '지혜에 대한 사랑'을 뜻하는 '철학'의 그리스어 '필로소피아philosophia'는 삶의 방식을 가리키는 말이었다. 모든 고전철학 학파의 목적은 무엇이 의미 있는 삶을 만드는지 성찰하도록 도와주고, 이상적인 시민을 기르고 윤리적인 인간을 교육하는 데 있었다.

그러나 우리나라 대학생들이 철학 공부를 기피하는 것은 매우 안타까운 일이다. 이는 영미 대학생들이 철학 강의실에 몰리는 현상과 대조적이다. 영미 대학생들은 왜 철학 강의실에 몰리는 것일까? 모 일간지의 보도에 따르면 "미국 대학생들은 특정 분야 지식보다 세상을 크게 보고 비판적 사고와 분석, 글쓰기를 익히는 것이 힘이 된다고 생각"하기 때문에 철학 강좌를 중요시한다는 것이다.

그들은 철학이 세상을 넓게 보는 시각을 제공해줄 뿐만 아니라 다른 분야 공부에도 도움을 주는 데 매력을 느낀다고 한다. 미국철학협회 사무총장을 역임한 데이비드 슈레이더David Schrader는 "사람들이 직업을 자주 바꾸는 시대에 철학 공부는 전혀 이상한 게 아니다. 철학은 다른 것을 빠르게 습득할 수 있게 하고 글쓰기, 분석력, 비판적 사고를 기르게 한다."고 말했다. 오늘날 기업들은 단편적인 지식이나 기술이 아니라 세계를 선입견 없이 파악해서 열린 시각으로 접근하는 인재를 원한다. 스티브 잡스의 말도 큰 영향을 끼쳤다. "소크라테스와 점심 한 끼를 같이 먹을 수 있다면 애플이 가진 모든 기술과 맞바꾸어도 좋다."

또한 오늘날의 철학은 '철학실천'이라고 부르는 새로운 활동 영역에서 각종 스트레스에 시달리는 현대인에게 상담도 해준다. 1981년에 독일의 철학자 아헨바흐G. B. Achenbach가 '철학실천'이라는 이름으로 현대적 의미의 철학상담을 창시한 후, 철학상담의 중요성과 필요성, 유익함을 깨닫고 철학상담학을 공부하고 실천하는 사람이 점점 늘고 있다. 우리나라에서는 2009년에 한국철학상담치료학회가 창립되어 철학상담학에 대한 깊은 연구와 함께 철학상담치료사 양성과 '철학적 지혜'를 보급하려 힘쓰는 중이다.

이러한 상황에서 철학을 기피 대상으로 여기는 것은 아주 어리석은 일이다. 철학은 우리의 삶에 실질적인 기여를 하지 않는, 단지 추상적이고 현학적인 언어 놀이가 아니다. 철학은 '잘 생각하기'와 진정으로 인간답게 사는 것이 무엇인지를 알고 실천하는 데에 큰 도움을 주는 분야다. 그리고 철학의 진정한 힘은 우리의 삶을 바꾸는 데 있다. 철학은 세계관, 인간관, 가치관 등을 비판적이고 반성적으로 통찰하게 함으로써 우리 삶의 변화를 가능하게 해준다.

이런 이야기를 하면, 보수적인 목회자들은 골로새서 2장 8절("누가 철학이나 헛된 속임수로, 여러분을 노획물로 삼을까 조심하십시오. 그런 것은 사람들의 전통과 세상의 원소들을 따라 하는 것이요, 그리스도를 따라 하는 것이 아닙니다.")을 언급하면서 철학에 대해 아주 부정적으로 얘기한다. 그러나 이들은 골로새서에 나오는 '철학'이라는 단어가 무슨 뜻으로 사용되고 쓰이는지에 대해 자세히 모르기 때문에 이런 행동을 하는 것이다. 분명한 것은 골로새서에 나오는 '철학'은 오늘날의 학문 분야인 철학을 지칭하는 것이 아니다. 골로새서 전문가들이 쓴 주석서와 토마스 아퀴나스의 해석을 참고하기 바란다. 아퀴나스는 골로새서 2장 8절을 철학 그 자체를 겨냥한 말씀으로 보지 않고, 신앙을 넘어뜨리려고 철학을 왜곡하여 사용하는 어떤 철학자들을 겨냥한 말씀으로 본다. 기독교는 신학과 철학의 결합으로 수준 높은 세계적 종교가 되었다는 사실을 잊어서는 안된다.

그렇지 않았다면 초기 기독교는 팔레스타인 지역에서 어느 작은 종파 신흥종교로 나타났다가 사라진, 별 볼 일 없는 종교가 되었을 것이다. 그리고 조직신학은 단지 교의학만을 연구하는 분야가 아니라, 신학과 철학의 대화를 연구하는 분야라는 사실도 잊으면 안된다. 16세기 종교개혁은 오직 성서로 돌아가자는 운동으로 시작했지만, 21세기의 새로운 종교개혁 운동은 신학과 철학의 대화를 얼마나 잘 하느냐에 따라 성패가 결정될 것으로 본다. 지금은 어느 한쪽만 강조해서는 안 되는, 소위 '통섭의 시대'이기 때문이다. 앞으로 한국 교회를 이끌고 갈 목사 후보생들인 신학생들은 이 점을 명심하고, 신학뿐만 아니라 철학도 열심히 공부하는 노력을 기울여야 할 것이다.

4. 네 영혼을 돌보라

소크라테스는 인간이 진정으로 추구해야 할 것이 권력이나 재물, 명예가 아니라, 자기 자신에 대한 참다운 지식을 얻는 것이라고 생각했다. 그는 무엇이 훌륭한 삶인지 알려면 먼저 우리 자신이 무엇인지를 아는 것이 중요하다고 생각했다. 그는 이런 '자아의 인식'이야말로 가장 중요한 지혜라고 생각한 것이다. 그가 말한 '자아의 인식'은 한 마디로 무지에 대한 자각과 동시에 진정한 의미의 자아를 인식하는 것이다.

첫째, 무지에 대한 자각

소크라테스의 친구인 카이레폰이 델포이 신전에 가서 무녀에게 소크라테스보다 더 지혜로운 이가 있느냐고 물었는데, '그런 사람은 없다'는 신탁을 얻었다. 이 이야기를 전해들은 소크라테스는 당황했다. 그는 스스로 지혜롭지 못하다고 생각했는데, 그런 신탁이 나왔기 때문이다. 그는 신탁의 내용을 검증해보기로 하고, 지혜롭다고 이름난 아테네의 정치가, 시인, 장인들을 찾아가 대화를 해보았다. 그 결과 소크라테스는 이 신탁이 옳았음을 알게 된다. 왜냐하면 이들이나 자신이나 무엇이 좋고 아름다운지에 대해 아무것도 모르는 것 같은데, 이들은 모르면서 안다고 생각했지만, 자신은 스스로가 무지하다는 사실을 알고 있었기 때문이다. 다시 말해, 그는 모두가 무지하다는 점에서는 같으나, 무지에 대한 자각만큼은 자신이 뛰어난 것 같다고 생각했다. 이것이 소크라테스의 '무지에의 앎'이다. 그는 사람들이 이것을 자각하도록 돕는 것을 신에게서 받은 사명으로 여겼다.

둘째, 진정한 의미의 자아 인식

소크라테스 하면 우선 떠오르는 말이 '너 자신을 알라'다. 이 말은 소크라테스의 창작이 아니라, 델포이 신전에 적혀 있던 현자 킬론Chilon의 말이었다. 이 문구가 신전에 새겨질 때의 의미는, 인간은 신이 아니며 반드시 죽을 수밖에 없는 존재이기 때문에 자기 분수를 알아야 한다는 것이었다.

그러나 소크라테스는 '너 자신'이라는 말을 '혼령'으로 번역하는 헬라어 '프시케' 개념과 연관지어 여기에 새로운 의미를 부여했다. 그리스인들은 전통적으로 '프시케' 개념을 인간의 육체가 생존하는 데 필수적인 생명력이라는 의미로 사용했다. 그러나 엄정식 교수가 말했듯이, 소크라테스는 이 단어에 "지적인 통찰과 도덕적 책임의 주체라는 속성을 부여해 합리적 사고와 자율적 행위, 그리고 도덕적 판단의 구심점이라는 의미를 제공했다."(엄정식, 『소크라테스, 인생에 답하다』, 소울메이트, 2012) 소크라테스는 이러한 의미로 '영혼' 개념을 만들어 낸 사람이다. 그에게는 이 '영혼'이 진정한 자아였다. 그는 "너 자신을 알라"는 말을 진정한 의미의 자아 인식으로 이해했고, 자신의 영혼을 돌보는 것을 우리의 중요한 책임으로 여겼다.

5. 금언金言을 금쪽같이

예로부터 인간은 금언金言을 많이 활용했다. 특히 고대 피타고라스 학파는 금언을 중요시한 것으로 유명하다. 이 학파 회원들은 매일 아침 합창을 한 후 자신들이 전날 무엇을 했는지 떠올리고, 피타고라스의 주요 금언들을 암기했다. 그리고 혼자 아침 산책을 한 후 동료들과 함께 철학 토론을 하거나 금언을 주문처럼 외웠다. 이 금언 외우기는 이 학파의 삶의 방식에서 중심 자리를 차지했다.

이 사람들은 왜 이렇게 금언을 중요시했을까? 이들은 추상적인 철학적 토론이 의미는 있지만, 이것만으로는 부족하다고 생각했다. 이들은 정신의 불합리한 부분과도 이야기를 나누어야 한다고 생각했기 때문에 금언, 노래, 상징, 이미지 등을 중요하게 여겼다. 그리고 철학적 통찰력이 뇌로 깊이 들어가 신경계의 일부가 되어야 한다고 생각했다. 그렇게 하려고 금언들을 거듭 되뇌었고, 노래로 부르기도 했다. 이렇게 금언들은 마법처럼 이들의 영혼을 매혹하는 주문이 되기도 했다. 이들에게 철학이란 단지 어렵고 추상적인 사변이 아니라, 암기하고 노래로 되풀이하여 금언처럼 중요한 말들을 신경계 속에 각인시키는 것이었다.

줄스 에반스Jules Evans는 그의 저서 『철학을 권하다(*Philosophy for Life and Other Dangerous Situations: Ancient Philosophy for Modern Problems*)』(서영조 역, 더퀘스트, 2012)에서 이 피타고라스의 금언 암기와 주문 기법에는 상식과 심리학적 통찰이 담겨있다고 하면서, "그는 먼 훗날 인지행동치료가 입증해낸 사실, 즉 인간의 정신은 자신이 생각하고 말하는 모든 것들을 듣고 흡수한다는 걸 일찌감치 알아냈다."고 평한다. 그리고 그는 모든 종교에서 암기와 되풀이 기법을 사용하고 있음을 떠올리면서, 짧은 구절을 되풀이해 외우거나 노래를 부르면 "종교나 철학 원칙이 마음속에 각인되고, 소리와 진동을 통해 특정한 에너지가 생성"된다는 점을 상기시킨다. 이러한 의미에서 금언 외우기는 우리 삶의 행복과 발전에 매우 소중한 일이라는 것을 알 수 있다.

또한 불교 유식학唯識學의 관점에서 볼 때도 금언이 왜 중요한지를 알 수 있다. 불교의 유식학에서는 마음의 구조를 표층과 심층으로 구분해 설명한다. 표층의 마음은 감각(시각, 청각, 후각, 미각, 촉각)을 바탕으로 각각의 대상을 파악하는 마음(안식, 이식, 비식, 설식, 신식)과 이 마음의 활동을 바탕으로 대상을 종합적으로 사유하고 판단하는 마음(의식)으로 구분된다. 전자를 '전오식前五識' 또는 '오식五識'이라 부르고, 후자를 '육식六識'이라 부른다. 또한 심층의 마음은 모든 것을 자기중심적으로 생각하는 마음과 심층에서 작용하는 근본심 및 행위의 결과인 종자를 저장하는 마음으로 구분된다. 전자를 말나식末那識(칠식七識)이라 부르고, 후자를 아뢰야식阿賴耶識(팔식八識)이라 부른다.

요코야마 코이츠는 그의 저서『마음의 비밀: 아뢰야식의 발견』(김명우 역, 민족사, 2013)에서 아뢰야식이 모든 것을 저장하는 일체종자식一切種子識이라 할 때 이 모든 것에는 자신, 타인, 사물, 자연, 우주, 그리고 미혹한 마음, 깨달은 마음 등이 포함된다고 언급한다. 그는 아뢰야식에는 탐욕, 분노라는 번뇌가 생기는 가능력可能力, 즉 더러운 종자뿐만 아니라, 모든 것을 일으키는 종자, 즉 긍정적인 가능력이 잠재한다는 점에 주목한다.(이와 달리 아뢰야식을 오직 오염된 망식妄識으로 보고, 오염되지 않는 청정식淸淨識인 여래장如來藏을 상정하는 견해도 있다.) 그리하여 그는 "아름다운 말을 심층의 마음에 심으면 자신이 변한다."라고 말한다. 우리가 사람을 미워하거나 화를 내는 등의 더러운 마음을 일으키는 것은 아뢰야식에 이와 같은 더러운 마음을 일으키는 종자가 심겨있기 때문인데, 아름다운 말을 달고 살면 더러운 종자가 심겨있는 아뢰야식이라는 토양이 점차 깨끗하게 변해간다는 것이다. 이러한 관점에서 보아도 금언 외우기가 우리의 삶에 얼마나 소중한지를 분명히 알 수 있다.

6. 팔자 바꾸는 법

일반적으로 사람들은 명리학命理學을, 사주팔자나 점괘를 보는 운명 결정론적 가르침으로 여기는 경향이 있다. 물론 명리학에는 운명 결정론적 요소들이 있다. 명리학은 사람의 운명이 크게 다음 다섯 가지 작용으로 결정된다고 본다.

첫째, 문門: 어느 가문에서 태어났는가.

둘째, 택宅: 어떤 환경에서 자랐는가.

셋째, 명命: 태어난 연월일시.

넷째, 용容: 용모.(물론 외모도 중요하지만, 내면의 아름다움이 외면을 통해 나타나기 때문에 이를 중요시한 것임)

다섯째, 수修: 수양.

그런데 다섯 가지 중 처음 세 가지는 우리가 어찌할 수 없는 운명에 속하지만, 네 번째와 다섯 번째는 우리 스스로 결정할 수 있는 면이 있다. 여기서 특히 주목해야 할 부분은 마지막에 나오는 '수양'이다. 수양을 많이 한 고승이나 수도사에게는 사주팔자가 무의미하다고 본다. 수양의 높은 경지에 도달하면 앞선 네 가지의 영향력이 무색해진다고 보는 것이다.

뿐만 아니라 명리학에는 운명을 바꾸는 여섯 가지 개운육법改運六法이라는 것이 있다.

적선법積善法: 남을 위한 선행과 은혜로 덕을 쌓는 것.

기도법祈禱法: 참회법, 명상법이라고도 하며, 반성과 성찰에 꼭 필요하다고 보는 것.

인연법因緣法: 어떤 사람을 만나느냐에 따라 인생이 바뀔 수 있다는 것.

독서법讀書法: 어리석음을 면하고 지혜를 얻도록 옛 성현의 책 읽기를 중요하게 여기는 것.

개명법改名法: 나쁜 이름은 고칠 필요가 있다고 보는 것.

풍수법風水法: 명당을 찾는 것을 중요하게 생각하는 것.

명리학은 이중 가장 중요한 것을 적선법(적덕법積德法)으로 보는데, 다음 세 가지 덕을 쌓으면 하늘을 감동시킨다고 한다.

음덕제인陰德諸人: 남모르게 덕을 쌓는 것.

심덕제인心德諸人: 심성과 마음으로 행하는 덕.

공덕제인功德諸人: 실천과 행동으로 덕을 쌓는 것.

이와 같이 명리학은 단지 운명에 순응해 사는 것만이 아니라, 운명을 극복하는 방법에 대해서도 가르친다. 개운육법은 오늘날에도 우리 삶의 질을 높이는 데 좋은 방법들이다. 물론 개명법이나 풍수법에는 미신적인 면이 있다. 그러나 이것들을 현대적으로 재해석할 필요가 있다. 이름은 그 사람의 표상과 이미지에 연관되기 때문에 굳이 나쁜 이름을 가질 필요가 없지 않은가. 또한 꼭 명당을 찾기보다는 좋은 환경에서 사는 것을 중요시하면 될 일이다. 여기서 특히 수양과 덕을 중요시하는 것은 사주팔자나 점괘를 중요하게 여기는 운명론자들이 꼭 기억해야 할 부분이다. 적선과 명상과 인연, 그리고 독서를 통해 수양과 덕을 쌓는 사람에게는 사주팔자가 무의미하다는 사실을 알아야 한다.

사실 운명과 인간의 자유로운 선택을 동시에 얘기하는 것은 서양에도 있다. 서양의 고대인들도 인간이 어찌할 수 없는 운명을 믿으면서 동시에 운명을 극복하려고 인간이 선택하고 노력할 수 있는 부분이 있다는 것을 인정했다. 로마의 역사가 타키투스는 사람이 태어날 때부터 운명이 예정되어있다는 믿음에서 자유로울 수 없다는 것을 인정하면서도, 고대의 현자들이 우리에게 삶을 자유롭게 선택할 수 있는 능력이 있다는 것을 가르쳐 주었다고 주장했다. 그는 인간사가 운명인가 우연인가 하는 문제의 판단을 유보하면서, 인간에게는 통제할 수 없는 운명적인 영역이 있지만 자유롭게 인생을 선택할 수 있는 여지도 있음을 인정했다. 동양의 명리학과 서양 철학은 이러한 점에서 공통된 관점을 보여준다.

7. 모욕 퇴치법

우리는 모욕당할 때 마음에 큰 상처를 받게 된다. 그리고 모욕을 가한 사람에게 똑같이 갚아주고 싶은 충동을 느낀다. 어떻게 하면 모욕을 당해도 마음에 상처를 받지 않을 수 있을까? 모욕을 당할 때 보복감정이 일어나지 않도록 하는 방법은 없을까? 이것이 우리 모두에게 주어진 숙제다. 여기 모욕에 가장 지혜롭게 대처하는 방법 세 가지를 소개하겠다.

첫째로, 빙그레 웃는 방법이 있다. 이것은 붓다가 몸소 보여준 방법이다. 어느 날 붓다가 걸식하려고 어느 바라문의 집에 갔다. 바라문은 붓다를 보자마자 삿대질을 해가며 욕설을 퍼부었다. "너는 육신이 멀쩡한데 왜 남의 집 밥을 얻어먹느냐? 너의 힘으로 일해서 음식을 먹어라. 나는 너에게 먹을 것을 줄 수 없다." 상대방이 이렇게 욕설을 퍼붓는데도 붓다는 빙그레 웃기만 했다. 바라문이 다시 붓다에게 "내 말이 아니꼬우냐? 왜 웃느냐?"고 시비를 걸었다. 그러자 붓다는 "당신 집에 가끔 손님이 오십니까?"라고 질문했고, 바라문은 "오지."라고 대답했다. 이어서 붓다가 "가끔 선물도 갖고 오십니까? 만일 당신이 손님의 선물을 받지 않으면, 그 선물은 누구의 것이 되는 건가요?"라고 질문했다. 이때 바라문은 무릎을 꿇고 "잘 알았습니다. 제가 잘못했습니다."라고 대답하고서, 음식을 잘 차려서 붓다에게 극진히 공양을 올렸다고 한다.

이것이 모욕에 대처하는 붓다의 방법이다. 다른 사람이 나에게 모욕을 주어도 그 선물이 나에게 쓸모가 없으면 안 받으면 된다는 것이다. 그리고 빙그레 웃을 수 있는 여유를 가지라는 것이다.

둘째로, '모욕 평화주의'라는 방법이 있다. 윌리엄 어빈W. B. Irvine이라는 미국 철학자가 쓴 『알게 모르게, 모욕감(A Slap in the Face: Why Insults Hurt-And Why They Shouldn't)』이라는 책이 있다. 그는 이 책에서 모욕감에 대처하는 방법으로 스토아철학의 방법을 소개한다. 어빈은 스토아철학자들이 모욕을 받아도 아무런 대응을 하지 않고 마음의 평화를 유지한 사실에 주목한다. 이런 사례가 있기 때문에, 그는 우리가 모욕을 받고도 아무런 반응을 보이지 않을 수 있다고 말한다. 그는 이것을 '모욕 평화주의'라고 부른다. 모욕을 받고도 어떤 대꾸도 하지 않으면 상대방이 순식간에 지쳐버릴 수 있기 때문에, 이 방법은 싸우지 않고 평화롭게 넘어갈 수 있는 방법이라는 것이다.

셋째로, 사회적 지위보다 덕과 평정심에 더 가치를 두는 방법이 있다. 어빈은 인간이 무엇보다도 사회적 지위에 집착하도록 진화적으로 프로그래밍이 되어있다는 점에 주목한다. 다시 말해서 인간은 사회서열을 중시하도록 설계되었다는 것이다. 그래서 그는 모욕을 사회서열 게임의 산물로 여긴다. 사람들은 사회서열 게임에서 자신의 위치를 지키거나 높이고 싶어서 다른 사람에게 모욕을 가한다는 것이다. 모욕은 다른 사람을 짓밟고 자신의 사회서열을 높이는 수단이라는 것이다. 이 대목에서 그는 스토아철학자들이 평정심을 유지하려 더 이상 사회서열 게임을 하지 않는 자세를 취한 점에 주목한다. 그들은 사회적 지위를 추구하기보다는 덕과 평정심을 추구할 때, 더 행복하고 의미 있는 삶을 살 수 있다고 생각했다. 그 좋은 예가 마르쿠스 아우렐리우스Marcus Aurelius의 『명상록(*Meditations: The Philosophy Classic*)』에 나온다.

"매일 아침 눈을 뜨면 자신에게 이런 말을 하면서 하루를 시작하라. 오늘 나는 남의 일에 참견하기 좋아하는 사람, 은혜를 모르는 사람, 건방진 사람, 사기꾼(거짓말쟁이), 시기심 많은 사람, 비사회적인 사람(버릇없는 자)을 만나게 될 것이다. 그들은 선과 악이 무엇인지를 모르기 때문에 이와 같이 된 것이다.

그러나 나는 선의 본질은 아름답고 악의 본질은 추하며, 잘못을 저지르는 사람의 본성도 단지 같은 피와 같은 근원에 속하기 때문이 아니라 같은 이성과 같은 신성의 일부를 나누어 가지고 있으므로 나와 동류라는 것을 안다. 따라서 나는 그러한 사람들로부터 해를 입지 않는다. 때문에 아무도 나를 추악한 일에 끌어들일 수 없고, 또한 나는 나의 동류에게 화를 내거나 그들을 미워하지 않는다. 우리 인간들은 두 손, 두 발, 두 눈, 윗니와 아랫니처럼 협력하도록 되어있다. 따라서 서로 대립하는 것은 자연(본성)에 어긋나는 것이다. 누군가에게 화를 내고 외면하는 것은 곧 우리가 서로 반대로 움직이는 행위일 뿐이다."

물론 이러한 방법들이 쉽지는 않을 것이다. 그러나 모욕을 가하는 사람에게 나도 똑같이 하는 것보다는 이 세 방법이 훨씬 지혜롭고 수준 높다는 것은 분명하다. 잘 안된다고 쉽게 포기하지 말자. 삼류는 실패하면 슬퍼하고, 이류는 실패하면 분노하고, 일류는 실패하면 다시 시작한다는 말이 있다. 다시 시작하면 되는 것이다.

8. 비극적인 삶으로부터의 자유

마르쿠스 아우렐리우스의 『명상록』에 좋은 글귀들이 많지만, 나에게 그중 두 가지를 뽑으라면 다음과 같다.

"무엇보다도 자기 자신의 이성과 신령을 좋아하고 신령의 탁월함을 예찬하는 자는 비극적 역할을 하는 일이 없고 탄식하지 않으며, 고독하지도 않고 많은 교제가 필요하지도 않을 것이다."(3.7)

"정진精進과 정화淨化를 게을리 하지 않은 사람의 마음속에서는 부패나 불결, 그 밖의 숨겨진 상처를 찾아낼 수 없다."(3.8)

첫 번째 구절에는 우리가 탄식하는 비극적인 삶을 살지 않는 비결, 다른 사람들과 많은 교제를 나누지 않아도 고독하지 않게 사는 비결이 들어있다. 바로 우리 자신의 이성과 신령을 좋아하고 신령의 탁월함을 예찬하라는 것이다. 여기에 나오는 '신령'이라는 말을 민간 신앙에서 풍습으로 섬기는 신을 지칭하는 말로 오해하면 안 된다. 스토아 철학자들은 우리 안에 '로고스Logos'라 불리는 신성한 영역이 있다고 생각했다. 이 로고스가 신성이니까 그들은 이것을 호메로스가 자신의 책에서 신을 일반적으로 일컫는 '다이몬daemōn'으로 칭했는데, 이것을 우리말로 번역할 때 '신령'이 된 것이다. 동양철학적으로 말하면 '양심'으로 번역할 수 있겠다. 따라서 우리 안에 있는 이성과 양심으로부터 들려오는 내면의 소리를 중요시하는 사람은 비극적인 삶을 살지 않으며, 많은 사람을 만나지 않아도 고독하지 않다고 말하는 것이다.

두 번째 구절에는 우리의 마음속에 부패나 불결, 그 밖의 상처가 생기지 않게 하는 비결이 있다. 바로 정진과 정화다. 오늘날 우리 사회의 리더들인 정치가들, 법조인들, 고위 공직자들, 성직자들, 교육자들, 기업인들이 부패와 불결에 빠지는 것은 바로 이 정진과 정화의 부족에 있다. 리더일수록 이 정진과 정화에 게으르면 안된다. 이를 소홀히 하면 우리의 정신이 녹슬기 때문이다. 정진과 정화에 대해서는 불교에서 최고의 길로 불리는 팔정도八正道에서 배우면 좋다.

먼저 정진과 관련되는 정정진正精進은 바른 노력을 뜻하는 것으로, 팔정도의 나머지 덕목-정견正見(바른 견해), 정사正思(바른 생각), 정어正語(바른 말), 정업正業(바른 행위), 정명正命(바른 생활), 정념正念(바른 알아차림), 정정正定(바른 마음가짐)-을 실현하려는 끊임없는 노력을 말하는 것이다. 좀더 구체적으로 이것은 이미 생긴 나쁜 습관을 서둘러 없애고, 아직 생기지 않은 나쁜 습관을 서둘러 생기지 않게 하며, 아직 생기지 않은 선한 습관을 서둘러 생기게 하고, 이미 생긴 선한 습관을 물러나지 않고 머무르게 하는 것으로, 선한 습관을 증장하고 나쁜 습관을 버리려는 끊임없는 노력을 말한다. 아무리 좋은 말과 가르침이 있더라도 정진이 뒷받침되지 않으면 아무 소용이 없다.

다음으로 정화는 팔정도의 '정견', '정사'와 관련지을 수 있다. 우리는 평소 지금까지 쌓아온 고정관념과 편견으로 자신을 무장하는 경향이 있다. 이런 경향은 습관이 되어 익숙한 모습으로 자주 나타나곤 한다. 그러나 고정관념과 편견에 묶여있는 한, 더 나은 삶은 불가능하다. 어떤 생각을 할 때 이것이 바른 견해인지, 바른 마음가짐에서 나온 바른 생각인지를 늘 점검할 필요가 있다. 점검을 통해 무지와 아집으로 지어놓은 오래되고 나쁜 것들을 진리나 자비와 같은 좋은 것들로 정화해야 한다. 이렇게 할 때 우리는 비극적인 삶을 면할 수 있다.

9. 우리가 통제할 수 없는 것에 대하여

에픽테토스Epiktetos는 지금의 터키 서남쪽에 위치한 프리기아 지방의 히에라폴리스에서 기원후 50~60년경에 태어나 138년경에 죽은 스토아철학자다. 그는 노예로 태어나 주인의 모진 학대(또는 류머티즘)로 인해 절름발이가 되었지만, 역경 속에서도 타고난 성품을 발휘해 노예에서 해방되고 대학자가 되어 뭇사람들에게 심오한 철학으로 많은 감화를 준 사람이다. 그가 저작을 남기진 않았지만, 그의 제자 아리아누스Arrianus의 수기로 인해 『담화록(Discourses)』과 이 담화록으로부터 아리아누스가 뽑아놓은 도덕적 규칙들과 철학적 원리들을 모은 요약본 『편람(Encheiridion)』, 그리고 의문의 여지가 있는 약간의 단편들을 남겨놓았다.

이 철학자에게서 꼭 배워야 할 것은 『담화록』과 『편람』의 제1장에 나오는 '우리가 통제할 수 있는 것들과 통제할 수 없는 것들'에 대한 가르침이다. 그는 우리가 자유롭고 행복하려면 이 둘을 분별하는 것을 가장 중요하다고 보았다. 그에 의하면 우리가 통제할 수 있는 것들은 믿음, 충동, 욕구, 혐오 등 우리 자신이 행하는 모든 일을 말하는 반면에, 우리가 통제할 수 없는 것들은 육체, 재산, 평판, 지위, 부모, 형제, 자식, 국토 등 우리 자신의 힘으로 지배할 수 없는 모든 일을 말한다. 에픽테토스는 전자가 본성적으로 자유롭고 방해받지 않지만, 후자는 무력하고 예속적이고 방해를 받으며 다른 것 (사람)들에 속한다는 점을 지적한다. 그는 우리가 본래 예속적인 것들을 자유로운 것으로 생각하고, 또 다른 것에 속하는 것들을 우리 자신의 것으로 생각한다면 우리는 장애에 부딪치고 고통당할 것이며, 마음이 심란해질 것이라는 점을 기억하라고 충고한다.

그러나 이와 반대로 나의 것만을 나 자신의 것으로 생각하고, 다른 사람에게 속하는 것을 그에게 속하는 것으로 인정한다면, 누구도 나를 방해하거나 해를 끼치지 않을 것이며, 나는 그 누구도 비난하지 않고 자의에 반하는 행동을 하지 않을 것임을 기억하라고 충고한다. 왜냐하면 나는 해가 되는 어떤 것에도 고통당하지 않을 것이기 때문이다. 따라서 에픽테토스는 우리가 자유롭고 행복해지려면 외부의 현상이 우리가 통제할 수 있는 것인지 아닌지를 분류해야 한다고 일러준다. 만일 그것이 내가 통제할 수 없는 것에 속한다면, 나와 아무런 관련이 없다는 점을 마음속에 새겨두라고 권고한다.

이 가르침은 오늘날 심리학에서도 많이 인용된다. 특히 스트레스 관리 방법으로 이 가르침을 유용하게 사용할 수 있다. 실제 사례도 있다.

헨드릭협회 창시자인 게이 헨드릭스Gay Hendricks는 6개월 동안 매일 안고 살다시피 했던 사랑하는 손녀딸을 잃고, 몇 주가 지나도록 슬픔을 떨쳐버리지 못했다. 친구와 심리상담사, 가족과도 얘기를 나눴지만 비통함에서 빠져나올 수 없었다.

어느 날 그는 슬픔에 잠긴 채 서가를 바라보다가 스무 살에 읽었던 에픽테토스의 책 『편람』을 꺼내 처음 몇 줄을 읽어보았다.

"존재하는 것들 가운데 어떤 것들은 우리가 통제할 수 있는 것들이고, 어떤 것들은 우리가 통제할 수 없는 것들이다."

이때 그는 손녀딸을 잃은 일이 자신의 힘 바깥의 일이었다는 것을 깨달았다. 무슨 수를 써도 통제하거나 바꿀 수 없는 일이었다. 이것을 이해하자 자신이 왜 그토록 스트레스와 고통을 받았는지 알 것 같았다. 그는 자신이 통제할 수 없는 것에 엄청난 에너지를 쏟고 있었던 것이다. 통제할 수 없는 일들을 통제하려 했던 시도를 누그러뜨리자 형언할 수 없는 평온함이 밀려왔다고 한다. 그는 이 경험을 이렇게 표현한다.

"나는 근본적으로 통제할 수 없는 것들을 통제하려고 하다가 매 순간 마음의 평화를 무너뜨리는 대가를 치르고 있었던 것이다. 손녀딸이 죽은 뒤 내 속마음은 한 발은 액셀러레이터에, 한 발은 브레이크 위에 올려놓고 차를 운전하는 것과 비슷했다. 내 속은 심란하게 요동쳤고 그 소란으로 매순간 진이 빠졌다.

하지만 이젠 에픽테토스의 도움으로 감정을 억누르는 것이 얼마
나 무의미한 일인지를 깨달았다. 그 감정들도 나름의 생명이 있
고 필요한 만큼 지속될 것이다. 에픽테토스 책의 첫 소절에 담긴
지혜를 적용해 나는 슬픔의 감정을 몰아내려는 노력을 멈추고 저
항의 발버둥질을 풀어주었다. 온몸에, 전 존재에 평온함이 번져
갔다. 나는 비로소 끔찍한 체험에서 벗어나 내게 의지하고 있는,
사랑해야 할 다른 사람들을 챙기기 시작했다."(잭 캔필드·게이 헨
드릭스, 『내 인생을 바꾼 한 권의 책』, 손정숙 역, 리더스북, 2007)

평정심과 강한 정신력은 특정 상황에서 통제할 수 있는 것에 에
너지를 쏟으며, 통제할 수 없는 것을 통제하려고 하지 않아야 얻을
수 있다. 더 자유롭고 행복해지려면 자신이 할 수 있는 일을 하되,
자신이 통제할 수 없는 것의 한계를 인식하고 받아들여야 한다. 그
래서 이런 기도문이 나오게 된 것이다.

"주님, 제게 제가 바꿀 수 없는 것을 받아들이는 평온을 주시고,
제가 바꿀 수 있는 것을 바꾸는 용기를 주시고, 그 차이를 아는
지혜를 주소서."

경박하게 만들어진 신

10. 태도적 가치

'태도적 가치'는 정신과의사 빅터 프랭클Viktor Frankl이 창안한 '로고테라피Logotherapy(의미요법)'에서 중요한 개념이다. 프랭클은 그의 저서 『빅터 프랭클의 삶의 의미를 찾아서(*The Will to Meaning: Foundations and Applications of Logotherapy*)』에서 가치의 세 가지 유형을 언급한다.

첫째는 창조적 가치다. 이것은 창의성과 관련된 가치로 인간이 세상에 부여하는 것을 말한다.

둘째는 경험적 가치다. 이것은 만남과 경험이라는 관점에서 인간이 세상으로부터 취하는 것을 말한다.

셋째는 태도적 가치다. 이것은 인간이 피할 수 없는 운명에 마주치게 되었을 때 곤경을 대하는 인간의 태도를 말한다. 프랭클은 이 '태도적 가치'를 통해 인간이 어떤 상황에서도 삶의 의미를 찾을 수 있다고 말한다. 왜냐하면 창조적 가치와 경험적 가치를 박탈당한 사람에게도 여전히 성취해야 할 도전이 남아있기 때문이다. 프랭클은 이 '태도적 가치'의 의미를 다음 이야기를 예로 더 자세히 설명하였다.

어느 날 불치병으로 죽어가는 여성이 한 랍비에게 전화를 했다.

이 여성은 죽음을 어떻게 대처해 나가는 게 좋을지를 물었다. 랍비는 그녀에게 불멸에 대한 여러 개념들과 프랭클이 말한 '태도적 가치'에 대해서 얘기해주었다. 그녀는 랍비의 불멸에 대한 신학적인 담론에는 별 도움을 받지 못했다. 하지만 '태도적 가치'에 대해서는 좀더 알고 싶은 마음이 생겨났다.

특히 '태도적 가치' 개념을 창안한 사람이 한때 죽음의 수용소에 감금된 적이 있는 정신과 의사라는 사실을 알고 나서 더욱 그랬다. 프랭클과 그의 가르침이 그녀의 상상력을 사로잡았다. 이때 그녀는 자기가 불가피한 시련을 피할 수 없다면 자기의 병을 대하는 태도와 방식을 달리 선택해야겠다고 결심했다. 이로 인해 그녀는 통증으로 견디기 힘든 상황에서도 그 이전까지는 좀처럼 경험하지 못했던 내면의 평화와 만족을 느꼈다. 이 여성은 품위 있게 죽음을 맞이할 수 있었고, 불굴의 의지를 지닌 사람으로 알려졌다.

사실 프랭클은 고통이란 되도록 피하는 것이 바람직하다고 가르친다. 그러나 고통스러운 운명의 순간을 피할 수 없다면 그것을 받아들여야 할 뿐만 아니라 그 고통을 어떤 의미 있는 성취로 바꿔놓아야 한다고 주장한다. 그러면서 인간은 어떤 태도를 취하느냐에 따라 전혀 희망이 없는 상황에서도 의미를 발견할 수 있다는 점을 강조한다. 이에 근거해서 프랭클은 '태도적 가치'를 창조적 가치와 경험적 가치보다 더 높은 가치로 여긴다.

이러한 '태도적 가치'의 의미를 스토리텔링으로 잘 묘사해준 영화가 있다. 이탈리아 감독 로베르토 베니니가 만든 〈인생은 아름다워(Life Is Beautiful)〉가 바로 그것이다. 프랭클의 '태도적 가치' 개념을 떠올리며 이 영화를 본다면, 더 깊은 감동을 받게 될 것이다.

11. 감사하며 살아야 하는 이유

어느 개신교 목사는 아내가 갓 지은 밥이 아닌 보온밥솥에 넣어 둔 밥을 준다고, 아들도 공부나 행동거지가 마음에 안 든다고 불평했다. 성직자의 수준이 이 정도니 성직자에 대한 신뢰도가 떨어질 수밖에 없지 않은가. 이 목사에게는 데살로니가전서 5장 16-18절에 나오는 "항상 기뻐하고 쉬지 말고 기도하며 범사에 감사하시오. 이것이 그리스도 예수 안에서 여러분이 실행해야 할 하나님의 뜻입니다."라는 구절이 자신과는 아무 상관없는 말씀 같은가보다.

우리 주변에는 불평불만을 쏟아내는 사람들이 꽤 많다. 남편에 대한 불만, 아내에 대한 불만, 자식에 대한 불만, 직장에 대한 불만, 사회에 대한 불만, 심지어는 자기 자신에 대한 불만으로 가득 찬 사람들도 있다. 이들은 서울대학교 심리학과 최인철 교수가 그의 강의에서 언급한 다음 네 사람의 명언을 기억할 필요가 있다.

슈바이처: "감사는 인생을 잘 살아가는 데 필요한 최고의 덕목이다."

키케로: "감사는 최고의 덕목일 뿐만 아니라 다른 모든 덕목들의 부모에 해당되는 덕목이다."

흄: "감사라는 덕목을 갖추지 않는 것은 인간이 저지를 수 있는 모든 범죄 중 가장 끔찍한 범죄다."

칸트: "감사하지 않는 것은 사악함의 본질이다."

몇 년 전 모 일간지에서 미국 심리학자들이 오랜 연구 끝에 감사의 과학적 변화를 확인했다는 기사를 읽은 적이 있다. 연구의 요점은 감사하면 뇌 좌측의 전전두피질이 활성화되어 스트레스가 완화되고 행복해진다는 것이다. 이 연구는 감사가 인간이 느끼는 가장 강력한 감정이라는 여러 심리학자들의 연구를 재확인한 것이다. 심리학자 에몬드Emond에 따르면 "감사하는 사람은 매사에 적극적이고 열정적이며, 다른 사람들과 더 맞닿아있다고 느낀다."고 하며 "생리학적으로 감사는 스트레스 완화제로 분노나, 화, 후회 등 불편한 감정들을 덜 느끼게 한다."고 말한다. 그는 실험을 통해 감사일기를 쓴 사람이 그저 감사했을 뿐인데, 뇌의 화학구조와 호르몬이 변하고 신경전달물질이 바뀐 것을 확인할 수 있었다.

네 사람의 명언과 심리학자들의 연구를 종합해보면, 우리가 왜 감사하며 살아야 하는지에 대해 다음과 같이 요약할 수 있다.

감사는 우리가 잘 사는 데 꼭 필요한 최고의 덕목이기 때문이다.

감사하지 않는 것은 사악함의 본질에 속하기 때문이다.

감사는 우리의 뇌를 활성화해 스트레스를 완화시켜주고 행복하게 해주기 때문이다.

이와 같이 감사해야 할 이유를 분명히 알면, 일상에서 감사한 일들을 찾는 데 훨씬 도움이 될 것이다. 아무리 어렵고 좋지 않은 상황에서도 감사한 일들을 하루에 세 가지씩 찾아보자. 찾지 못하는 이유는 고정관념, 편견, 분별심과 같은 생각에 사로잡혀 있기 때문이다. 이러한 생각을 내려놓고 현실의 있는 그대로 보려고 노력해보자. 그러면 현실을 더 긍정적으로 볼 수 있고, 감사할 일들이 떠오르게 된다. 궁극적인 관점에 보면, 살아있는 것만 해도 감사한 일이다.

12. 똑똑한 이타주의자와 어리석은 이타주의자

천주교 신자인 지인은 자신에게 돈을 쓸 때보다 신부를 위해 쓸 때가 더 행복하다고 한다. 형편이 넉넉하지 못해 신부에게 돈을 갖다 주면 자신을 위해 쓸 돈이 별로 없는데도 행복하다는 것이다. 이 사람은 세상에서 자기가 제일 귀중한 존재라는 것을 모르는 모양이다. 안타깝다. 신부는 이 사람을 매우 훌륭한 신앙인으로 여길지 모르지만, 나에게는 이 사람의 생활방식이 그리 좋아 보이지 않는다. 남을 도와주는 일도 중요하지만, 자신의 발전에 돈을 잘 쓰고 행복감을 느끼는 것 역시 중요하다.

노벨 경제학상 수상자인 허버트 사이먼Herbert Simon은 "똑똑한 이타주의자는 어리석은 이타주의자보다 덜 이타적일지 모르지만, 그들은 어리석은 이타주의자와 이기주의자보다 더 바람직한 존재다."라고 말했다. 여기서 '어리석은 이타주의자'는 타인의 이익만 중요시하고 자신의 이익을 하찮게 여기는 사람을 말한다.

반면 '똑똑한 이타주의자'는 남을 이롭게 하는 데 관심 있지만, 자신의 이익을 도모하는 데도 적극적인 사람을 말한다. 심리학자 애덤 그랜트Adam M. Grant는 저서 『기브 앤 테이크Give and Take』에서 이런 사람을 '이기적 이타주의자'라고 표현한다. 그는 이렇게 말한다.

"극단적으로 베풀기만 하면 동료와 주변 사람들을 위해 희생하면
서 자신의 에너지를 소진하고 만다. 너무 많은 권리를 포기하거
나 지나치게 힘을 뺀 의사소통 방식만 고수할 경우, 자기 이익을
챙기지 못하고 뒷전으로 밀려나며 당하기만 하는 사람이 되기 십
상이다. 그러면 베푸는 사람은 진이 빠져 생산성을 유지하지 못
한다." (애덤 그랜트, 『기브앤테이크』, 윤태준 역, 생각연구소, 2013)

그랜트는 성공한 기버giver와 실패한 기버의 차이를 이해하는 것
이 매우 중요하다고 하면서, 캐나다의 심리학자 제레미 프라이머
Jeremy Frimer와 래리 워커Larry Walker의 연구사례를 인용한다.
이 두 심리학자는 캐나다에서 수십 년 동안 남다른 봉사와 기부
활동으로 '캐나다 봉사상'을 받은 사람들을 대상으로, 큰 성공을 거
둔 기버의 동기가 무엇인지 알아내는 연구를 진행했다. 이들은 조
사 대상에게 "나는 무언가를 하려고 노력한다."는 문장을 내주고 인
생 목표 열 가지를 작성하게 했고, 수상자 스물다섯 명을 대상으로
심층 인터뷰를 진행했다. 그런 다음 그들을 오랜 기간 동안 봉사와
기부 활동을 하지 않은 평범한 사람 스물다섯 명과 비교했다. 여기
서 연구진은 이들이 자신의 이익과 타인의 이익을 추구하는 핵심적

동기를 얼마나 강하게 표현했는지를 자세히 살펴보았다.

봉사 수상자들은 비교 집단보다 세 배 이상 봉사와 기부에 대해 말했다. 인생의 목표를 작성할 때도 타인의 이익과 관련된 내용을 비교 집단보다 거의 두 배나 많이 기록했다. 그러나 놀라운 사실은 봉사 수상자들이 자신의 권력이나 성취와 관련된 내용을 20퍼센트 더 많이 적었다는 점이다. 이 조사를 통해 연구진은 성공을 거둔 기버는 단순히 다른 사람보다 더 이타적이기만 한 것이 아니라, 자신의 이익을 도모하는 데도 적극적이었다는 것을 확인할 수 있었다.

그랜트는 이를 바탕으로 이기심 없이 베푸는 것을 병적인 이타주의의 한 형태로 보면서, 자신의 이익도 추구하며 베풀어야 성공한 기버로 살 수 있다고 강조한다.

종교인들이 이기심 없는 순수한 마음으로 남에게 베풀며 살라는 설교나 설법을 자주 듣다보면 어리석은 이타주의자가 될 확률이 높다. 그렇기 때문에 종교인은 자기가 믿는 종교 교리의 노예가 되지 말아야 한다. 그러려면 종교 바깥 전문가의 말에도 귀를 기울여야 한다.

13. 죽음에서 살아남는 비결

빅터 프랭클은 제2차 세계대전 당시 나치가 약 600만 명의 유태인들을 학살할 때, 죽음의 수용소를 네 군데나 거치면서도 기적적으로 살아남은 사람이다. 그는 유태계 정신과 의사로서 이때의 경험을 토대로 그 유명한 '로고테라피(의미요법)'를 창안해서 정신치료에 큰 족적을 남겼다. 도대체 그는 어떤 비결이 있었기에 죽음의 수용소에서 살아남을 수 있었던 것인가?

첫째, 그는 사랑하는 아내를 떠올리며 버텼다. 언제 죽을지 모르는 절망적인 죽음의 수용소 상황에서도 아내의 모습을 머릿속으로 그리며 대화를 시도했다. 사실 그는 아내가 살았는지 죽었는지조차 몰랐다. 그러나 그에게 그런 것은 별로 중요하지 않았고, 알아야 할 필요도 없었다. 이 세상 그 어느 것도 아내에 대한 사랑의 굳건함과 그의 생각, 그리고 그가 사랑한 아내의 영상을 방해할 수 없었다. 그는 자전적 체험수기인 『죽음의 수용소에서(*Man's Search for Meaning: An Introduction to Logotherapy*)』를 통해 이렇게 말한다.

"극단적으로 소외된 상황에서 자기 자신을 적극적으로 표현할 수 없을 때, 주어진 고통을 올바르게 명예롭게 견디는 것만이 자기가 할 수 있는 일의 전부일 때, 인간은 그가 간직하고 있던 사랑하는 사람의 모습을 생각하는 것으로 충족감을 느낄 수 있다."(빅터 프랭클,『죽음의 수용소에서』, 이시형 역, 청아출판사, 2005)

둘째, 그는 과거의 사소한 일들을 회상했다. 그다지 중요하지 않은 사건이더라도 상상의 나래를 마음껏 펼치면 향수 어린 추억이 그의 마음을 감동시켰고, 그의 내적인 삶을 심화하도록 해주었다.

셋째, 그는 때때로 자연의 아름다움에 도취되곤 했다. 그 순간 그는 자신을 둘러싼 끔찍한 상황을 잊을 수 있었다.

넷째, 그는 수용소 내의 예술행위에 참여했다. 수용소 안에서도 노래를 부르고, 시를 낭송하고, 촌극을 하는 시간이 있었는데, 이 모든 것은 고달픈 현실을 잊으려고 만들어진 것이었다.

다섯째, 그는 유머를 잃지 않았다. 절망적인 상황에서도 그는 유머를 자기 보존 투쟁에 필요한 무기라고 생각했다. 그는 이렇게 말한다. "이미 잘 알려진 대로 유머는 그 어떤 상황에서도 그것을 딛고 일어설 수 있는 능력과 초연함을 가져다준다."

여섯째, 그는 아주 작은 일에도 고마워했다. 잠자리에 들기 전 이를 잡는 시간을 준 것도 은총으로 여겼다. 물론 이를 잡는 일 자체는 유쾌한 일이 아니었지만, 이를 잡는 도중에 공습경보가 울리지 않아 전등불이 나가지 않는다는 사실에 대해 그는 고마운 마음을 가졌다.

일곱째, 그는 미래에 대한 기대를 버리지 않았다. 그는 매일 시시

각각 하찮은 일만 생각하도록 몰아가는 상황이 너무 역겹게 느껴졌지만, 그때마다 생각을 다른 주제로 돌리려고 애썼다. 그는 불이 환하게 켜진 쾌적한 강의실의 강단에 서서 강제수용소에서의 심리상태에 대해 강의하는 자신의 모습을 상상했다. 그리고 푹신한 의자에 앉아 자신의 강의를 경청하는 방청객의 모습을 떠올리며 삶의 의지를 불러일으켰다.

여덟째, 그는 시련의 의미를 깊이 사색했다. 그는 시련이 무엇을 의미하는지를 알려고 노력했고, 시련 속에는 무엇인가 성취할 수 있는 기회가 숨어있다는 것을 깨달았다. 그래서 그는 피할 수 없는 운명에 마주치게 되었을 때 곤경을 대하는 '태도적 가치'를 중요하게 여기게 되었고, 이를 통해 인간은 전혀 희망이 없는 상황에서도 삶의 의미를 발견할 수 있다는 인식에 이르렀다.

이러한 방법들을 통해 프랭클은 그가 처한 상황과 순간순간 겪는 고통을 극복하는 데 성공할 수 있었다. 그리고 이 경험을 바탕으로 그 유명한 '로고테라피'를 창안해서, 실존적 공허감과 삶의 무의미함에 시달리는 사람들에게 삶의 의미를 찾을 수 있도록 도움을 주고, 정신치료(특히, 신경증 치료)에 큰 족적을 남겼다.

14. 삶의 의미를 찾지 못하는 이들에게

서양 철학을 통틀어 가장 두드러진 허무주의자로 알려진 쇼펜하우어는 우리의 삶을 무의미한 것으로 생각했다. 그는 인간 존재의 유한성과 현존재의 덧없음, 삶의 우연성과 과거의 비존재, 욕구의 지속성과 지루함의 경험, 그리고 죽음의 불가피성에서 이러한 결론을 도출했다. 유명한 영화감독 우디 앨런도 삶을 아무 의미가 없는 것으로 여겼다. 그래서 그는 그저 머리를 식혀주는 오락에나 치중하며 살 것을 권했다.

이 두 사람이 말한 대로, 우리의 삶은 정말 아무 의미가 없는 것인가? 오늘날 삶의 의미를 찾지 못하고 방황하는 이들에게 삶의 의미를 추구한 세 사람의 조언을 소개한다.

첫째, '의미요법(로고테라피)'을 창안한 빅터 프랭클의 조언이다. 잘 알다시피, 그는 독일의 나치 시대에 죽음의 수용소를 네 군데나 거치면서도 기적처럼 살아남은 유태계 정신과 의사다. 그는 삶의 의미를 추구한 덕분에 기적을 이룰 수 있었다고 전한다. 여기서 그는 "어떤 상황에서도 인간의 삶은 결코 무의미한 것일 수 없다."는 것을 깨달았다.

이 깨달음을 토대로 프랭클은 환자에게 삶의 의미를 발견할 수 있는 능력을 갖추도록 해주는 것을 정신의학의 주된 과제로 보았다. 그는 정신과 의사들이 실존적 공허감과 삶의 무의미함에 시달리는 환자들에게 삶의 의미를 추구하는 일을 멈추지 말도록 적극적으로 도울 것을 주장한다. 의사라 해도 딱히 보여줄 수는 없지만, 인간에게는 '의미'라는 것이 있다. 삶에는 피할 수 없는 비극적 측면이 있지만, 그때마다 곤경을 대하는 자세에 따라 극복할 수 있다고 역설한다.

둘째, 덴마크의 심리학자인 스벤 브링크만Svend Brinkmann이 전해주는 조언이다. 그는 저서 『철학이 필요한 순간(Standpoints)』에서 삶의 의미를 찾는 데 도움이 될 방향을 제시한다.

우선 그는 도구화와 효용주의적 사고가 팽배한 오늘날의 사회에 대해 비판한다. 도구화와 효용성 추구는 우리 삶에서 의미 있는 것들을 너무 쉽게 가려버리기 때문이다. 그래서 삶의 의미를 지키려면 큰 이익을 주는 수단이나 도구 즉, 가장 쓸모 있는 것만 찾으려는 시대 흐름에 당당히 맞서라고 주장한다. "삶의 의미는 무언가를 성취하거나 얻으려는 도구적인 일이 아니라, 그 자체가 목적이 되는 일과 그 자체를 위해 몰두하는 활동에서 나온다."(스벤 브링크만, 『철학이 필요한 순간』, 강경이 역, 다산북스, 2019)라고 그는 주장한다.

이러한 이유로 브링크만은 비도구주의적 사고방식을 보여주는 철학적 사고를 중시한다. 특히 고전 철학의 원래 면모였던 삶의 방식으로서의 철학을 되살릴 것을 호소한다. 그는 여러 철학자들의 열 가지 관점을 제시하면서 이를 통해 그 자체로 그냥 가치 있는 것, 그것이 우리 존재와 삶에 의미를 부여해주는 본질적 요소라는 점을 강조한다.

셋째, 미국의 작가 에밀리 에스파하니 스미스Emily Esfahani Smith 가 전해주는 조언이다. 그녀는 "이번 생은 망했다. 이보다 더 실패한 인생은 없다."라고 선언할 정도로, 결혼 1년 만에 이혼하고 변변한 직업도 없이 홀로 아이를 키워야 했던 때가 있었다. 지독한 가난도 문제였지만, 그녀를 더 힘들게 한 것은 애 딸린 이혼녀가 겪는 모멸감과 우울증을 견디는 일이었다. 이런 그녀가 『의미의 힘(The Power of Meaning)』이라는 책을 써서 유명 작가가 되었고, "삶에서 행복보다 더 중요한 것이 있는데, 그게 바로 의미다."라고 말하는 사람으로 바뀌었다. 그녀를 이렇게 바꾸어 놓은 사연이 있다.

에밀리 에스파하니 스미스는 한동안 인생의 목적을 행복이라고 생각했다. 그래서 행복해지려고 애를 많이 썼다. 하지만 삶은 늘 만족스럽지 못하고, 근심이 가득했다. 그녀는 진정으로 사람을 행복하게 해주는 것이 무엇인지 알고 싶어서, 대학원에 진학해 긍정심리학을 공부했다. 그 결과 행복을 좇는 사람은 결국 불행하게 된다는 사실을 알게 된다. 그리고 사람들이 절망하는 이유는 불행 때문이 아니라, 삶의 의미가 부족하기 때문이라는 것을 알게 된다.

그리하여 에밀리 에스파하니 스미스는 '어떻게 해야 더 의미 있는 삶을 살 수 있는지'에 대한 답을 찾아 수백 명과 인터뷰하고, 심리학과 신경과학, 그리고 철학 서적을 읽으며 연구에 매진한다. 그 결과 의미 있는 삶을 구성하는 '네 개의 기둥'이라는 기준을 발견한다.

첫째 기둥은 소속감이다. 여기서 말하는 소속감은 단순히 어느 집단에 소속되어 느끼는 감정이 아니다. 자신이 구성원으로서 인정받고, 스스로도 가치 있다고 생각하는 사람들 사이에서 생겨나는 '서로 연결되어 있다는 느낌'을 말한다. "우리는 누군가에게 거부나 무시를 당할 때 삶의 의미를 적게 느끼고, 반대로 자신이 타인에게 소중한 존재로 느껴질 때 삶의 의미를 크게 느낀다."(신디, 『강연 읽는 시간』, 지식너머, 2018)고 그녀는 말한다.

둘째 기둥은 목적이다. 여기서 말하는 목적은 흔히 생각하는 목표와는 다르다. 이 목적은 "자신의 강점을 이용해 타인을 돕는 데 있으며, 경제적인 것이 아닌 존재에 관한 것이다."(앞의 책, 50) 다시 말해서 자신이 헌신할 수 있는 무엇인가를 만드는 것이 삶의 목적을 찾는 길이며, 이러한 길이 우리의 삶을 한층 더 의미 있게 해준다는 것이다.

셋째 기둥은 초월성이다. 이것은 나를 벗어나 훨씬 더 큰 무언가와 관련되어 있다고 느낄 때의 경험이다. 이러한 현상은 종교뿐만 아니라 대자연과 예술작품을 감상할 때나 글을 쓸 때도 일어날 수

있다. 이러한 초월성이 우리의 삶에서 가장 강력한 의미의 원천이
된다는 것이다.

넷째 기둥은 스토리텔링이다. 이것은 자신의 이야기를 쓰는 방
법이다. 그녀는 의미 있는 삶을 이끄는 사람들은 자신의 삶을 회복,
성장, 사랑으로 정리해서 들려준다는 사실을 발견했다. 인간은 누
구나 어려움을 겪으면서 살아간다. 하지만 상처를 감싸 안으면서
'회복-성장-사랑'의 이야기 패턴으로 자신의 이야기를 만들어 가
면, 새로운 통찰력과 지혜가 생기고, 그 안에서 삶의 의미를 찾을
수 있다는 것이다.

김태길 교수는 "한 개인의 생명이 유한함을 근거로 삼고 삶 전체
가 허무하다거나 무의미하다고 속단하는 것은 문제를 보는 시야가
너무 좁은 사람들의 성급한 결론이다."(김태길, 『삶을 어디서 찾을 것
인가』, 철학과현실사, 1994)라고 말한다. 세 사람의 조언에서 보았듯이
정신의학적, 철학적, 심리학적 관점에서 의미를 추구하는 삶이 얼
마나 중요한지를 잘 알 수 있다.

15. 아모르 파티 Amor Fati

가수 김연자의 〈아모르 파티〉라는 노래가 있다. 가사 내용이 요즘 사람들에게 많은 공감을 불러일으키는 것 같다.

'아모르 파티'는 '운명애'라는 뜻을 지닌 라틴어다. 이 말은 니체의 운명관을 나타내는 용어로 유명하다. 니체는 이 용어를 통해 필연적인 운명을 긍정하고 사랑할 때 인간이 위대해지며, 인간 본래의 창조성을 발휘할 수 있다고 주장했다. 그의 운명애는 단지 운명에 체념하거나 굴복하는 것을 말하는 것이 아니다. 그는 우리의 운명이 평탄하기를 바라지 말고 가혹하기를 바라라고 외친다. 그가 이상적인 인간으로 설정하는 초인超人은 고난을 견디는 것에 그치지 않고 고난을 사랑하는 사람이며, 오히려 고난이 찾아오기를 촉구하는 사람을 말한다. 니체는 우리에게 "위험하게 살라"고 외친다. 다시 말해서 가혹한 운명과 대결하라는 것이다. 그럴 때 인간은 자신을 보다 강하고 심원한 존재로 고양시킬 수 있으며, 가혹한 운명을 오히려 아름다운 것으로 사랑할 수 있다는 것이다.

이 '운명애' 사상의 연원은 서양 최초의 문학작품을 쓴 호메로스까지 거슬러 올라간다. 호메로스는 그의 유명한 두 작품 『일리아드 Illiad』와 『오디세이아Odysseia』를 통해 '운명과 인간의 조건' 문제를 진지하게 다루었다. 이 두 작품을 통해 피력한 그의 운명 사상을 요약하면 다음과 같다.

- 인간은 모두 죽음 앞에 놓여있다. 영웅들도 모두 죽음이라는 마지막 운명에 저항하지 못했다.
- 운명이 우리의 목덜미를 잡아끌고 갈 때, 그저 끌려가지 말고 후세 사람들이 우리를 기억하고 기념할 수 있도록 명예로운 삶을 살아야 한다.
- 우리는 고통을 당할 운명을 가지고 태어난다. 인간의 삶 자체가 고난이며, 이 고난은 우리가 겪어야 할 운명이다. 따라서 고난을 묵묵히 참고 견뎌야 한다.
- 우리는 자신의 운명을 사랑해야 한다.
- 우리에게 닥치는 시련과 고난이 언젠가는 추억이 될 것이다.
- 어찌할 수 없는 운명이 있지만, 한 걸음 한 걸음 목표를 향해 전진하는 것이 우리의 사명이다. 목표를 달성한 뒤에도 다시 새로운 목표를 향해 계속 전진해야 한다.

이와 같이 '아모르 파티'는 역사가 오래된 매우 심오한 사상이다. 이 사상은 어찌할 수 없는 운명을 인정하면서도 인간의 자유로운 선택과 자기극복의 노력을 중요시한다. 김연자의 노래 〈아모르 파티〉는 가사 내용이 좋지만, 제목에 비해 가사에 이 사상이 덜 반영된 점이 좀 아쉽게 느껴진다.

16. 음악을 배워야 한다

플라톤은 『국가』에서 어린이의 건전한 심신을 단련하는 기초 교육으로 체육과 함께 음악을 논한다. 그는 몸이 건강하려면 체육을, 혼이 건강하려면 음악이 중요하다고 여겼기 때문이다. 그러나 체육이라 해서 몸만 보살피는 것이 아니라, 음악과 함께 혼을 보살피는 것임을 강조하기도 했다. 건강한 몸이 혼을 훌륭하게 만드는 것이 아니라, 훌륭한 혼이 몸을 훌륭하게 만들어준다고 생각했기 때문이다.

플라톤은 체육과 음악 중 어느 한쪽에 치우치는 것을 좋지 않게 보았다. 체육만 하는 사람들은 필요 이상으로 사나워지는 반면, 음악만 하는 사람들은 지나치게 부드러워진다고 보았기 때문이다. 그래서 그는 온순함과 대담함을 조화시키려면 이 두 과목이 필요하다고 보았다. 플라톤은 그중 음악 교육이 필요한 이유를 이렇게 설명한다.

> "리듬과 선법(화음)은 혼의 내면으로 가장 깊숙이 젖어들며, 우아함을 대동함으로써 혼을 가장 강력하게 사로잡고, 또한 어떤 사람이 옳게 교육을 받는다면, 우아한(고상한) 사람으로 만들 것이나, 그렇지 못할 경우에는 그 반대로 만들 것이기 때문에 말일

세. 그리고 또, 음악에서 마땅히 받아야 할 교육을 받은 이는 빠져서 없는 것들과 훌륭하게 만들어지지 못한 것들 또는 훌륭하게 자라지 못한 것들에 대해서 가장 민감하게 알아볼 것이며, 그야말로 옳게 싫어할 줄을 알아서, 아름다운 것들은 칭찬하며 기뻐하여 혼 속에 받아들임으로써, 이것들에서 교육을 받아, 스스로 훌륭하디 훌륭한 사람으로 되는데, 일찍이 어려서부터, 그 논거(이론)도 알 수 있기 전에, 추한 것들은 비난하고 미워하기를 옳게 하다가, 이렇게 교육받은 사람인지라, 그 논거를 접하게 되면(철학교육을 거치게 됨을 의미함), 그 친근성 덕에 그걸 알아보고서는 제일 반길 것이기 때문에 말일세.”

여기서 주목해야 할 것은 음악 교육을 ‘훌륭하디 훌륭한 사람’이 되는 것과 연관지었다는 점이다. ‘훌륭하디 훌륭한 사람’이라는 어구는 그리스인들의 삶과 교육의 이상을 표현한 말이다. 본래 이 어구는 귀족층의 교양과 모범적인 행동을 장려하려고 사용된 말인데, 소크라테스와 플라톤이 이 귀족계급의 윤리를 모든 그리스인들의 교육목표로 끌어올렸다. 플라톤의 작품들에서 이 어구는 존경스럽고 공명정대하고 사려깊고 신중하며 절제할 줄 아는, 모든 면에서 질서가 잡혀있는 사람을 의미한다. 여기서 플라톤이 음악 교육을 얼마나 중요하게 생각했는지를 잘 알 수 있다. 그는 음악이 청소년들의 인격(성격, 성품) 형성에 심대한 영향을 끼친다는 점과, 음악 교육이 철학 교육과 밀접히 연관을 지니고 있다는 점을 잘 이해했다.

또한 리듬과 선법(화음)에 대해서 플라톤이 말한 것을 좀더 자세히 살펴볼 필요가 있다. 그는 노래가 가사와 선법, 그리고 리듬으로 이루어져 있음을 알았는데, 선법과 리듬은 가사를 따라야 한다고 생각했다. 그리고 비탄조의 선법 및 유약하고 주연酒宴에 맞는 선법은 제외되어야 한다고 생각한 반면, 전투행위나 모든 강제적인 업무에 유용할 용감한 사람의 어조와 억양을, 어떤 불행이 닥치더라도 자신의 불운을 꿋꿋하게 막아내는 사람의 어조와 억양을 적절하게 모방하게 될 선법은 남겨놓아야 한다고 생각했다. 또, 복잡 미묘한 리듬이나 온갖 운율은 추구하지 말고, 예절 바르고 용감한 삶을 나타내는 리듬이 무엇인지 보아야 한다고 생각했으며, 이를 본 다음에 그런 사람의 노랫말에 시각과 선율이 따르도록 해야 한다고 보았다.

여기서 플라톤은 청소년들의 건전한 인격 형성에 심대한 영향을 끼치는 음악이 도덕성을 외면하지 말아야 하고, 알맞게 규제되어야 한다고 생각했음을 알 수 있다. 그에게 예술의 최고 법칙은 열광적인 도취나 자신의 만족을 목적으로 삼는 쾌감이 아니라, 객관적인 아름다움과 존재론적으로 올바른 것, 그리고 윤리적으로 가치 있는 것이었다. 음악에서 우리들의 마음에 드는 것과 향락을 가져다주는 것만을 척도로 삼는다면, '극장의 우중'들이 주도권을 잡게 되며, 이 것은 법칙을 무시한 어리석은 짓이라고 그는 생각했다.

요즘같이 자유분방하고 표현의 자유를 중시하는 시대에 플라톤의 이러한 입장은 꼰대의 고리타분한 잔소리로 들릴 수도 있을 것이다. 그러나 예술의 도덕성을 중요시하는 플라톤의 입장은 공교육 현장에서라도 적용해볼 수 있을 것이다. 다시 말해 청소년들 개인에게는 자유롭게 예술 경험을 하게 해주되, 공교육 현장에서는 예술의 도덕성을 외면하지 않아야 한다.

17. 피타고라스와 공자의 음악

피타고라스는 서양 음악학의 시조로 일컬어지는 인물이다. 공자는 피타고라스와 동시대 인물로 고대 중국의 주나라에서 발원한 예악禮樂 제도에 인문학적으로 새로운 의미를 부여한 사람이다. 이 두 인물의 음악관을 비교해 보는 것은 동서양의 초기 음악사 연구와 고대 음악의 현대적 의의에 관해 매우 의미 있는 일이다.

피타고라스는 만물의 원리를 수數에서 찾았다. 그렇기 때문에, 음악을 정수론과 기하학, 그리고 천문학과 동일하게 간주했다. 음악을 감성적 예술이 아닌 수학의 한 지류로 생각한 것이다. 그래서 그는 단순한 자연수의 비율로 설명되는 음악을 조화로운 음악으로 여겼다. 그는 현악기를 직접 만들어 튕기면서 소리를 분석했다. 두 개의 줄을 튕겨 그 길이의 비율이 2:1이면 8도, 3:2면 5도, 4:3이면 4도의 음정 차이가 난다는 사실을 발견했다. 이러한 분석을 통해 그 유명한 '피타고라스의 음계'가 만들어졌고, 그의 음정 이론은 서양 음악 이론의 출발점이 되었다.

또한 피타고라스는, 전 우주의 움직임을 하나의 조화로운 음악 연주와 같다고 보았다. 그는 천체를 구성하는 행성들이 수적인 관계에 따라 서로 규칙적으로 움직인다고 믿었기 때문이다. 그는 이러한 우주의 음악을 '혼돈과 무질서에 질서를 가져오는 신성한 원리'인 '하르모니아Harmonia('조화'를 뜻하는 그리스어)'라고 불렀다. 피타고라스는 음악이 이러한 우주의 모방 형태로서 하르모니아를 반영한다고 생각했다. 이러한 사상을 토대로 그는 철학과 수학과 음악에 몰두함으로써 영혼의 정화가 이루어진다고 보았다. 피타고라스 공동체의 사람들은 피타고라스의 이러한 음악관에 영향을 받아잠들기 전에 음악을 들으면서 마음을 정화했다. 화가 나거나 슬플때는 특별한 음악을 들으며 마음을 다스렸다.

공자의 음악관을 이해하려면 우선 알아야 할 것은, 공자가 왜 '음악音樂'이라는 말을 사용하지 않고 '악樂'이라는 말을 사용했는가 하는 점이다. 공자 당시 고대 중국의 음악 문화를 주도하던 지배 계층은 '음악'이라는 용어를 거의 사용하지 않았다. 그들은 '성聲', '음音', '악樂'을 구분해서 사용했다. 그들은 '성'을 음악적으로 무의미한 사람 목소리로, '음'을 심미적 노랫소리로, '악'을 음에 악기 연주와 춤을 더한 것으로 이해했다. 공자가 사용한 '악'이라는 말은 서양에서쓰이는 '음악'과 명백한 차이를 보여주는 말이다. 그들은 일반 백성의 음악을 대개 '성'이나 '음', '성음聲音', '음률音律' 등으로 표현했고, 악기 연주와 노래, 그리고 춤을 다 포함해서 '악樂'이라는 용어를 사용한 것이다.

공자는 '악'이라는 말을 이처럼 사용하여 그의 악론樂論을 전개한다. 그는 당시 누구 못지않게 악을 사랑하고 악의 진미를 느낀 사람이다. 그는 제나라에 가서 순임금의 악을 듣고 감동한 나머지 석 달 동안 고기맛을 잊을 정도로 악에 심취했으며(『논어』「술이편」 7. 13) 당대의 '음악' 평론에도 일가견이 있었다. 그는 당시 악을 관장했던 노나라 태사악太師樂에게 여러 악기의 구성을 갖춘 오케스트라 기악곡의 원리를 알려줄 정도로 악에 조예가 깊었던 사람이다.(『논어』「팔일편八佾篇」 3. 23) 그리고 순임금의 악에 대해서는 지극히 아름답고 지극히 선하다고 평한 반면, 주 무왕周武王의 악에 대해서는 지극히 아름답지만 지극히 선하지 않다고 평하기도 했다.(『논어』「팔일편」 3. 25)

공자의 '악' 사상은 다음과 같이 정리할 수 있다.

첫째, 공자는 '악樂'을 '예禮'와 함께 논했다. 예는 신분질서를 엄격히 규정하여 차별화하고 서열화하는 역할을 하는 데 비해, 악은 이러한 차별화와 서열화를 완화하는 것으로 보았기 때문이다. 다시 말해서 '예'를 통해 신분 차별을 천지만물의 질서처럼 당연한 것으로 여기게 하고, '악'을 통해 계층 간에 감정의 동화가 이루어지게 하려 했던 것이다. 이와 관련해서 『논어, 사람의 길을 열다』의 저자 배병삼은 악을 '예의 해독제'라고 표현하면서 이렇게 기술한다. "사회를 유지하기 위해서, 혹은 야만에 떨어지지 않고 문명을 유지하기 위해 꼭 필요한 '예'가 자칫 사람을 차별하고, 형식주의로써 인간 삶을 질식시킬 때 그것을 구제하는 해독제가 '악'인 셈이다. 쪼개진 사회의 틈새에 따뜻한 화음의 기운을 불어넣어 재생시키는 힘이다. 위대한 것이다, '악'의 역할이란." (배병삼, 『논어, 사람의 길을 열다』, 사계절, 2005)

그런데 화목한 것이 좋다고 너무 악에 빠져들면, 사회는 이완되고 공동체의 기반인 예가 무너질 수도 있다. 그래서 공자는 예와 악을 서로 보완해가면서 문명을 이루어가는 중요한 두 요소로 간주했다.

둘째, 공자는 예와 악의 본질을 '인仁'으로 보았다. 『논어』「팔일편」 3. 3에서 공자는 이렇게 말한다. "사람이면서 '인'하지 못하다면 '예'를 지킨들 무엇 하겠는가? 사람이면서 '인'하지 못하다면 '악'을 한들 무엇 하겠는가?"

공자는 『논어』에서 인에 관해 말을 많이 했지만, 그에 관해 명확하게 정의를 내리지는 않았다. 제자들의 물음에 따라 인의 여러 속성과 측면을 말했을 뿐이다. 이 가운데 세 가지 정의가 눈에 띄는데, 인은 '사람을 사랑하는 것'(「안연편」 12. 22), '극기복례克己復禮'(「안연편」 12. 1), '일을 할 때 성실함'(「자로편」 13. 19)을 뜻한다고 한다. 이런 맥락에서 보면, 공자는 자기를 극복하고 '예'를 회복하려면, 그리고 일을 할 때 성실하고 다른 사람을 사랑하려면 '악'이 필요하다고 생각했다는 것을 알 수 있다.

셋째, 공자는 악을 인격 완성에 중요한 수단으로 여겼다. 『논어』

「태백편泰伯篇」8. 8에서 공자는 이렇게 말한다.

"사람은 '시詩'로 정서를 일깨우고, '예'로 행동을 바로잡고, '악'으로 인격을 완성한다."

이 구절을 의역하면 이렇게 옮길 수도 있다.

"일단 시를 배워 세상 보는 눈을 닦은 다음, 예를 익혀 반듯한 인간으로 서고, 결국엔 악을 통해 한 인간이 완성되는 것이다."(배병삼 역 참조)

여기서 공자는 인간의 수양을 위해 시와 예와 악의 삼단계를 밟되, 인격 완성의 궁극에는 악이 있어야 한다고 생각한 것이다. 『예기·악기禮記·樂記』를 번역한 한흥섭의 말을 빌면, 군자가 인격 수양의 힘으로 나라를 다스리고 백성을 교화할 때 "'악'이 '예'보다 더 근원적이고 본질적인 작용을 한다고 보았기 때문이다."(작자 미상, 『예기·악기』, 한흥섭 역, 책세상, 2007)이것은 공자가 악을 예술적 수양론의 입장에서 얼마나 높이 평가했는지 알게 해준다. 공자는 비록 성인과 군자만이 악을 만들고 감상할 수 있는 주체로 여기면서도, 동시에 모든 사람에게 군자의 자질과 인격 완성에 이르는 잠재적 가능성이 있음을 인정했다. 따라서 그는 모든 사람이 악을 통해 마음을 수양할 수 있다고 생각한 것이다. 이는 공자가 인간 심성의 수양에서 차지하는 악의 의의와 가치를 깊이 깨달은 사람이었다는 것을 보여준다. 피타고라스와 공자의 음악관을 비교해보면 다음과 같은 차이점과 공통점을 발견할 수 있다.

- 피타고라스는 음악을 과학적으로 접근했고, 공자는 음악을 인문학적으로 접근했다.
- 피타고라스는 공자처럼 음악을 정치와 관련짓지 않았다.
- 공자는 피타고라스와 달리 음악을 '예'와 밀접히 연관된 것으로 보았다.
- 피타고라스보다 공자가 더 음악의 미학적 가치에 관심을 두었다.
- 음악을 윤리적인 것으로 생각했다는 점에서는 두 사람 다 같다.
- 표현 방식은 다르지만, 두 사람 다 음악을 예술적 수양론의 입장에서 논했다.

두 사람의 음악관은 예술 지상주의 입장에서 음악의 목적을 오직 미적 가치의 구현으로 보는 오늘날의 경향에 경종을 울리는 면이 있다. 오늘날 학문은 여러 학제 간에 서로 통섭하는 경향으로 나아가고 있다. 음악도 예술의 자율성을 강조하는 순수예술론의 입장에서만 볼 것이 아니라, 과학과 인문학 등 다른 학문 분야와 통섭하면서 지평을 넓혀가야 한다.

18. 먹고 기도하고 사랑하라

〈먹고 기도하고 사랑하라(Eat, Pray, Love)〉, 이 영화에서 여주인공은 남편과 이혼하고 자기를 찾으려고 1년간 세계여행을 하기로 결심한다. 그녀는 가고 싶은 장소 세 군데를 정해서 여행한다. 이탈리아에 가서는 먹고 싶은 음식을 먹고, 인도에 가서 기도를 배우고, 발리에 가서는 따뜻한 사랑을 경험한다. 이 여행을 통해 그녀는 자기를 찾았다고 고백한다.

이 영화는 뉴에이지 기풍을 드러내는 것이 흠이지만, 우리의 행복에 중요한 것이 무엇인지 일깨워주는 좋은 영화라는 생각이 든다. 이 영화의 감독은 행복의 요소들로 다음 사항들을 제시한다. 맛있는 음식 먹기, 감사하기, 생각 내려놓기, 자기 용서하기, 명상, 믿음, 삶의 균형 잡기, 따뜻한 사랑 등이다.

이 여러 요소들을 압축해서 영화 제목을 〈먹고 기도하고 사랑하라〉고 지은 것이다. 이 세 가지는 행복의 3대 영양소로 불릴 만큼 매우 핵심적인 가치이기 때문이다.

먹기

구약성서 전도서는 인생의 허무함을 읊은 고대 이스라엘의 지혜

문헌이다. 많이 알려진 대로 이 작품은 "헛되고 헛되다. 헛되고 헛되다. 모든 것이 헛되다."로 시작한다. 얼핏 보면 허무주의를 표방하는 문헌으로 보일 수도 있다.

그러나 본론에 가면 우리의 삶을 매우 긍정적으로 묘사하는 장면이 나온다. 여기서 저자는 놀랍게도 먹고 마시고 즐거워하는 것이 마땅한 일이고 좋은 일임을 깨달았다고 고백한다.

> "우리의 한 평생이 짧고 덧없는 것이지만, 세상에서 애쓰고 수고하여 얻은 것으로 먹고 마시고 즐거워하는 것이 마땅한 일이요, 좋은 일임을 내가 깨달았다. 이것은 곧 사람이 받는 몫이다."(5:18)

다른 구절에는 이런 내용도 나온다.

> "나는 생을 즐기라 권하고 싶다. 사람에게 먹고 마시고 즐기는 것보다 더 좋은 것이 세상에 없기 때문이다. 그래야 이 세상에서 일하면서, 하나님께 허락받은 한 평생을 사는 동안에, 언제나 기쁨이 사람과 함께 있을 것이다."(8:15)
> "너는 가서 즐거이 음식을 먹고, 기쁜 마음으로 포도주를 마셔라. 덧없는 모든 날에 너는 너의 사랑하는 아내와 더불어 즐거움

을 누려라. 그것은 네가 사는 동안에, 세상에서 애쓴 수고로 받는 몫이다."(7:7~9)

심지어 6장 7절에는 사람이 먹으려고 수고를 마다하지 않는다는 내용이 나온다. 종교 문헌에서 먹는 것에 이렇게 높은 가치를 두는 것이 놀랍지 않은가? 이 기준에서 보면, '먹기 위해 사는가, 살기 위해 먹는가?'라는 질문은 우문이다. 이것은 동전의 양면과 같은 것이다.

기도하기

기도라고 하면, 일반적으로 사람들은 소원성취를 비는 기도를 떠올린다. 그러나 내 욕심을 채우기 위해 하는 기도는 중생놀음에 불과하다. 기도하는 마음은 무엇인가 욕심내고 이루려는 마음을 말하는 게 아니라, 경건하게 자기를 성찰하는 마음을 말한다. 법사 법륜의 표현대로 하면 "눈을 안으로 돌이키는 노력"이 바로 기도다. 이런 기도는 종교인들뿐만 아니라 무종교인들도 얼마든지 할 수 있다. 기도는 우리 마음의 평화를 위해 꼭 필요한 수행의 방법이다.

사랑하기

두말할 것도 없이, 사랑은 우리 인생에 없어서는 안될 가장 중요한 가치이자 인간을 살아가게 하는 힘이다. 그래서 톨스토이Tolstoi 는『사람은 무엇으로 사는가(What Men Live By)』라는 글에서 '사랑' 을 답으로 제시한 것 아닌가?

장영희 교수가 그의 저서『문학의 숲을 거닐다』에서 언급했듯이, "사랑에 관한 말 중 압권은『논어』12권 10장에 나오는 '애지욕기 生愛之欲基生' 즉, '누군가를 사랑한다는 것은 그 사람이 살게끔 하는 것이다.'라는 말이다."(장영희,『문학의 숲을 거닐다』, 샘터, 2005) 장 교 수의 말을 빌자면 "사랑하는 일은 남의 생명을 지켜주는 일이고, 사 랑하는 사람을 위해 내 생명을 지키는 일"이 된다.

선선한 바람이 부는 이 초가을에 먹고 싶은 음식을 절제 있게 먹 고, 명상을 통해 자기 성찰도 하고, 우리의 생명을 지키기 위해 서 로 사랑함으로써 행복한 삶을 영위하시기를 간절히 빈다.

19. 정신적인 삶을 살아야 하는 이유

미국의 언론인이자 사회비평가였던 얼 쇼리스Earl Shorris는 빈곤에 대한 책을 쓰려고 1995년 뉴욕의 한 교도소를 방문해 죄수들을 인터뷰한 적이 있다. 그는 살인죄로 팔 년째 복역 중인 여죄수에게 이런 질문을 던졌다. "사람들이 왜 가난하다고 생각하나요?"

이에 대해 그녀는 "시내 중심가 사람들이 누리는 정신적인 삶이 없기 때문입니다."라고 대답했다." 예상치 못한 대답에 놀란 얼 쇼리스는 정신적인 삶이 무엇이라고 생각하는지를 되물었다. 그녀는 이렇게 대답했다. "극장과 연주회, 박물관, 강연 같은 거죠. 그냥 인문학 말이에요."

이 말을 듣고 얼 쇼리스는 가난이 단지 돈의 문제가 아니라 생각과 정신의 문제라는 것을 알게 되었다. 그래서 그는 가난한 사람들에게 일자리를 마련해주거나 소액대출 같은 직접적인 혜택은 아니지만 노숙자, 재소자, 전과자, 가난한 동네 사람들을 모아놓고 함께 책 읽고 토론하는 인문학 공부모임 '클레멘트 코스Clemente Course'를 만들었다. 그랬더니 놀라운 변화가 일어났다. 그들은 자신의 삶을 돌아보게 되었고, 가난과 범죄의 굴레에서 벗어나 주체적으로 삶을 영위하는 존재로 도약하게 되었다. 이 '클레멘트 코스' 운동은 소외계층을 위한 인문학 교육과정으로, 이들에게 '정신적인 삶'의 중요성을 일깨워주며 가난과 범죄의 굴레에서 벗어나도록 도와주었다.

불교 경전 『앙굿따라니까야』를 통해서도 우리가 왜 정신적인 삶을 살아야 하는지를 배울 수 있다. 이 경전의 내용은 이치에 맞는 정신 활동이 우리 삶에 얼마나 중요한지를 잘 가르쳐준다.

감각적 쾌락의 욕망은 어떻게 생겨나고 유지되는가?

"수행승들이여, 아름다움의 인상에 이치에 맞지 않게 정신활동을 기울이면, 아직 일어나지 않은 감각적 쾌락에 따른 욕망을 일으키고 이미 일어난 감각적 쾌락의 욕망을 더욱 많게 하고 크게 한다."

분노는 어떻게 생겨나고 유지되는가?

"수행승들이여, 혐오스러움의 인상에 이치에 맞지 않게 정신활동을 기울이면, 아직 일어나지 않은 분노를 일으키고 이미 일어난 분노를 더욱 많게 하고 크게 한다."

흥분과 회한은 어떻게 생겨나고 유지되는가?

"수행승들이여, 마음의 불안에 이치에 맞지 않게 정신활동을 기울이면, 아직 일어나지 않은 흥분과 회한을 일으키고 이미 일어난 흥분과 회한을 더욱 많게 하고 크게 한다."

감각적 쾌락의 욕망을 어떻게 제거할 것인가?
"수행승들이여, 부정의 인상에 이치에 맞게 정신활동을 기울이면, 아직 일어나지 않은 감각적 쾌락에 대한 욕망을 일으키지 않고, 이미 일어난 감각적 쾌락의 욕망을 제거한다."

분노를 어떻게 제거할 것인가?
"수행승들이여, 자애의 마음에 의한 해탈에 이치에 맞게 정신활동을 기울이면, 아직 일어나지 않은 분노를 일으키지 않고 이미 일어난 분노를 제거한다."

흥분과 회한을 어떻게 제거할 것인가?
"수행승들이여, 마음의 적멸에 이치에 맞게 정신활동을 기울이면, 아직 일어나지 않은 흥분과 회한을 일으키지 않고 이미 일어난 흥분과 회한을 제거한다."